Thomas Schwartz
Auch Petrus
ist mal ausgerastet

Thomas Schwartz

Auch Petrus ist mal ausgerastet

Querköpfe in der Bibel

FREIBURG · BASEL · WIEN

Für meine Eltern und meine Schwester:
Ich liebe euch Querköpfe!

© Verlag Herder GmbH, Freiburg im Breisgau 2019
Alle Rechte vorbehalten
www.herder.de

Die Bibeltexte sind entnommen aus:
Die Bibel. Die Heilige Schrift
des Alten und Neuen Bundes.
Vollständige deutsche Ausgabe
© Verlag Herder, Freiburg im Breisgau 2005

Umschlaggestaltung: wunderlichundweigand, Stefan Weigand
Satz: post scriptum, Vogtsburg-Burkheim
Herstellung: CPI Moravia Books, Pohorelice

Printed in the Czech Republic

ISBN Print 978-3-451-38424-0
ISBN E-Book 978-3-451-81558-4

Inhalt

Einleitung 7

1 Eva: Die neugierige First Lady 10

2 Noah: Der allererste Winzer 19

3 Sara: Die gnadenlose Familienchefin .. 41

4 Josef: Der verträumte Lieblingssohn .. 52

5 Rut: Eine Powerfrau als Schwiegertochter 71

6 Judit: Eine Witwe in geheimer Mission 85

7 Johannes der Täufer: Der sture Wüsterich 95

8 Petrus: Der aufbrausende Apostel ... 116

9 Maria Magdalena: Die furchtlose Gönnerin 128

10 Judas Iskariot: Der lehrreiche Bösewicht 147

Der Autor 159

Einleitung

In der Bibel begegnen uns nicht nur Menschen, die brav und widerspruchlos Gottes Willen erfüllen. Sie berichtet nicht nur von Männern und Frauen, deren Leben als beispielhaft vorgestellt wird und die uns damit als Vorbild für ein gutes Leben präsentiert werden. Es finden sich im Buch der Bücher mindestens genauso viele Menschen, die sich ganz anders verhalten, als man es für gewöhnlich von ihnen erwarten würde. Sie schwimmen gegen den Mainstream ihrer Zeit und sind oft sogar richtige Querköpfe. Vielleicht kann man sogar sagen: Querköpfe sind der Normalfall biblischer Gestalten!

Diese Menschen sollen in diesem Buch im Mittelpunkt stehen. Dabei interessiert mich nicht nur die Geschichte ihrer Beziehung zu Gott. Ich werde vielmehr einen Blick auf das zu werfen versuchen, was sie auch sonst als Menschen kennzeichnet. Ihre Persönlichkeit und ihr Umgang mit ihren Mitmenschen ist das, was mich am meisten interessiert und fasziniert.

Ziel ist keine »Ehrenrettung« dieser Menschen. Das haben sie gar nicht nötig. Stattdessen möchte ich einen anderen Blick auf die Botschaft der Bibel ermöglichen. Einen Blick, der mit einem verschmitzten Augenzwinkern zeigt, dass uns die Menschen in den biblischen Erzählungen näher stehen, als uns das vielleicht sogar lieb ist. Die kommenden Seiten enthalten wie schon in meinem Buch »Auch Jesus hatte schlechte Laune« so manche Überraschung. Denn die Bibel ist eben nicht nur ein Buch mit frommen Heiligengeschichten und Stories voller Liebe und Güte.

Sie umfasst das ganze Feld menschlicher Erfahrungen und Lebenslagen und erzählt, welche Rolle Gott im Leben spielen kann. Und auch die biblischen Hauptfiguren sind nicht nur weichgespült und konturlos. Ganz im Gegenteil! Biblische Gestalten hatten Ecken und Kanten. Sie waren eigentlich so wie wir. Und Gott kann sie gut gebrauchen – uns übrigens auch!

– 1 –
Eva: Die neugierige First Lady

Keine biblische Frauengestalt ist bekannter. Und keine ist berüchtigter: Eva. Um es vorweg zu sagen: Das hat sie nicht verdient! Und zwar deshalb, weil von den negativen Eigenschaften, die ihr zugeschrieben werden, in der Schöpfungsgeschichte gar nichts vorkommt. Sie sind später entstanden, im Spätjudentum, wurden dann von Paulus weitergespannt und sind von den frühchristlichen Kirchenvätern, die alle irgendetwas gegen Frauen gehabt haben müssen, ausgeschmückt und theologisch untermauert worden.

Zahllose Künstler haben ebenfalls einen ordentlichen Beitrag dazu geleistet, dass die Figur der ersten Frau der Menschheitsgeschichte zumindest »unglücklich« gezeichnet wurde. Das hatte Auswirkungen auf das Frauenbild insgesamt, an dem sich unzählige Generationen von Männern versündigt und seit knapp 100 Jahren etliche Feministinnen mehr oder weniger erfolgreich abgearbeitet haben.

Hier soll nun zwar keine »Ehrenrettung« der »Menschheits-Mutti« geleistet werden. Dazu haben viele Bibelwissenschaftlerinnen schon Etliches beigetragen. Aber ein genauerer Blick auf unser aller »Première Dame« hilft, ihr mit allem gehörigen Respekt und aller gebührenden Anerkennung zu begegnen. Das hat sie allemal verdient!

Zunächst: Ihre »Herkunft« ist umstritten, denn im Buch Genesis finden sich zwei unterschiedliche Schöpfungsberichte. Im ersten (Gen 1,26 ff) wird davon gesprochen, dass

Gott den Menschen nach seinem Abbild geschaffen hat – und zwar männlich und weiblich! Eva verdankt also ihre Existenz diesem Abschnitt nach dem machtvollen und fruchtbaren Wort Gottes. Denn was Gott sagt, das entsteht auch.

Im zweiten Schöpfungsbericht (Gen 2,18 f) wird sie aus der Seite Adams geformt. Seite, nicht Rippe! Denn der hier im Hebräischen benutzte Begriff wird im Alten Testament fast immer mit »Seite«, jedoch sonst niemals mit »Rippe«, gleichgesetzt. Warum sollte das hier also anders sein? Eva wird Adam im wahrsten Sinn des Wortes zur Seite gestellt. Vorher scheint der Gute übrigens sexuell noch ziemlich desinteressiert gewesen zu sein. Was will man auch von jemandem erwarten, der gerade aus dem Ackerboden geformt worden war. Wenn also Eva aus der Seite Adams geformt wird, können wir vielleicht an den Schöpfungsmythos denken, den uns der griechische Philosoph Platon überliefert hat.

Platon zufolge gab es ursprünglich nur ein einziges Menschenwesen: mit einem Körper, einem Hals, zwei Gesichtern, vier Armen und vier Beinen. Zeus habe im Auftrag der anderen Götter aus Angst oder Eifersucht diesen »Kugelmenschen« mit einem Blitz in zwei Teile gespalten und so Mann und Frau geschaffen. Von nun an suchten sie nach ihrer verlorenen Hälfte und wollten in der Umarmung wieder eins werden. Eine schöne Beschreibung für die Erotik zwischen Mann und Frau!

Aber wieder zurück zu Eva. Ob sie also vom Herrn selber oder aus der Seite ihres nachmaligen Gatten Adam geformt bzw. geschaffen wurde, hängt von der Lesart ab.

Was machen nun die zwei ersten Exemplare unserer Spezies nach dem Bericht der Bibel? Sie gehen spazieren. Ob Hand in Hand (frisch verliebt waren sie ja zweifelsohne!) oder getrennt, wird nicht weiter ausgeführt. Außerdem essen und trinken sie. Übrigens vegetarisch. Gejagt oder geschlachtet wurde im Paradies nicht, man lebte mit allen anderen Geschöpfen in einer friedvollen Ordnung (diese heißt im Hebräischen »Schalom«), ohne Gewalt und ohne Angst. Überhaupt lebte man ganz nach den Anordnungen des Schöpfers, und der hatte völlige Freiheit garantiert. Mit einer Einschränkung. Alles durfte man tun, alles durfte man essen. Nur eine Diätvorschrift hatte er den Menschen auf ihrem Weg durchs Paradies mitgegeben: Von der Frucht des Baumes der Erkenntnis von Gut und Böse durften sie unter keinen Umständen essen.

Daran scheinen sich Adam und Eva auch zunächst gehalten zu haben. Aber dann begegnen die beiden der Schlange (Und auch hier ist die deutsche Sprache frauenfeindlich. Denn das Tier wird sowohl im Hebräischen als auch in den meisten anderen Sprachen männlich bezeichnet!). Im Gespräch mit »dem Schlang« wird Eva plötzlich klar, was sie mit ihrem Leben machen will. Sie will klug und verständig werden!

Eva sucht nach Erkenntnis. Und das ist eine mächtige Motivation. Die Suche nach Erkenntnis hat seit Eva die Menschen aller Zeiten dazu geführt, Grenzen zu überschreiten, gegen Gesetze und Anordnungen der Autorität zu verstoßen und nach Wahrheit zu streben. Eva bringt also mit der Übertretung des Gebotes die Klugheit in die Welt. Aber eben auch den Tod bzw. die Sterblichkeit.

Abgesehen von den Folgen der Übertretung des göttlichen Gebotes für uns Menschen könnte man aber zunächst auch fragen, warum Gott diese Speise überhaupt verboten hatte. Könnte man. Aber im Prinzip ist die Frage sinnlos. Wir können sie nicht beantworten. Wer kennt schon Gottes Pläne und Gedanken? Außerdem führt eine solche Frage an der eigentlichen Bedeutung dieser Schriftstelle vorbei!

Theologen, die sich mit der Schöpfungsgeschichte beschäftigen, sprechen von Ätiologien. Ätiologien oder Ursprungssagen sind

Geschichte vom Anfang der Zeiten, die versuchen, die Zustände und Gegebenheiten der Gegenwart erklären. Also: Warum sind wir Menschen sterblich? Weil die Ureltern von diesem Baum stibitzt hatten. Oder: Warum macht die Arbeit auf dem Acker so viel Mühe? Tja, weil das eine der Folgen der Vertreibung aus dem Paradies ist. – Wie es ein bekannter Forscher einmal ausdrückte: Allmaliges wird durch etwas Erstmaliges erklärt. Was für alle gilt, braucht einen Grund. Der wird durch einen Mythos bzw. durch eine Anfangsgeschichte geliefert.

Nun aber zurück zu Eva, der wir das alles nach dem Bericht der Bibel verdanken. Seit sie von der Frucht des Baumes der Erkenntnis von Gut und Böse gegessen hat, können wir Gut und Böse unterscheiden. Eigentlich nicht das Schlechteste, sagen doch viele heutige Philosophen, dass gerade diese Unterscheidungsfähigkeit uns Menschen in besonderer Weise auszeichnet. Indem sich Eva und mit ihr

Adam so aus der Hand Gottes heraus bewegt haben, ihm ungehorsam werden, emanzipieren sie sich und werden zu Menschen, wie wir sie heute kennen: schuldfähig, aber auch fähig zur Übernahme von Verantwortung. Dort, wo der Mensch gut und böse erkennen kann, ist er auch dazu gezwungen, danach zu fragen, was gut und böse und was richtig und falsch ist. Das ist die Moral von der Geschichte: die Geschichte von der Moral.

Und noch etwas passiert, als Eva und Adam die »Augen aufgehen«: Sie erkennen, dass sie nackt sind. Die Folge ist: Sie bekleiden sich – zunächst mit Feigenblättern, später mit Fellen. Dass Menschen sich bekleiden, ist bis heute so geblieben. Nacktheit wird bis heute mit dem Paradies verbunden, Kleidung eher mit Karl Lagerfeld.

Schließlich ist ein drittes Moment mit der Erkenntnis verbunden, die uns dank Evas beherzten Bisses in den Apfel geschenkt wurde: die Freude am Sex.

Wenn auch mittelalterliche Theologen wie Thomas von Aquin behaupteten, die Sexualität des Menschen sei bereits im Paradies gegeben gewesen (und habe dort noch wesentlich mehr Spaß bereitet als nach dem Sündenfall), so bleibt doch festzuhalten: Richtig spannend wurde es erst nach der Vertreibung aus dem Garten Eden! Denn erst danach ist mit dem Umstand, dass ein Mann eine Frau »erkennt« und umgekehrt, die Chance (oder das Risiko) verbunden, dass daraus neues Leben entsteht. Kain und Abel jedenfalls wurden erst nach dem Auszug aus dem Paradies gezeugt.

Wir sehen: Eva hat uns ein reiches Erbe hinterlassen. Wir sollten es dankbar annehmen und sie nicht für ihre Entscheidung verurteilen. Also: Danke, Eva!

– 2 –
Noah: Der allererste Winzer

Er ist eine der berühmtesten Persönlichkeiten der Heiligen Schrift. Fragt man Menschen, wer Noah (oder auch Noach) sei, erhält man fast immer die gleiche Antwort: Das ist doch der Typ mit der Arche. Und in der Tat: Noah ist wirklich ein »Arche-Typ«. Dabei sind nicht viele Worte von ihm überliefert. Mehr noch: In einem Parlament würde man Noah vielleicht als einen Hinterbänkler bezeichnen. Einen, der nicht das große Wort in den Medien führt, der sich nicht in Talkshows und bei großen Medien-Events herumtreibt, sondern den stillen, aber fleißigen Parteigenossen verkörpert, der ganz und gar für seine Gruppierung und in absoluter Loyalität zur Führung seine Arbeit verrichtet und seine Aufgaben erfüllt.

Noah ein Hinterbänkler? Ist das nicht ein wenig zu viel des politischen Vergleichs? Hinkt da nicht Einiges? Was in jedem Fall stimmt, ist, dass Noah heute fast jedem von uns bekannt ist. Aber von ihm selber gibt es keine Worte, keine Botschaften, keine Aussagen und keine Interviews! Nichts. Nada. Niente – bis auf eine kleine Ausnahme ist er der beredte Schweiger der Bibel. Weder redet er, noch wird über ihn viel geredet.

Übrigens: Auch über die ersten paar hundert Jahre seines Lebens wird im Buch Genesis wenig berichtet. Sein Vater hieß Lamech, sein Großvater Methusalem. Der Familie war gemeinsam, dass sie ziemlich langlebig war. So soll beispielsweise Methusalem 969 Jahre alt geworden sein und sein Vater Lamech immerhin noch 777 Jahre. Noah selbst wird eine Lebensspanne von 950 Jahren zugeschrieben.

Das ist ziemlich lange. Ob die Bibel Jahre oder Monate meint, wenn sie von Noah und seinen Vorvätern (von Frauen ist natürlich wieder nicht die Rede!) berichtet, geht am eigentlichen Kern der biblischen Aussagen vorbei. Denn selbst wenn man statt von Jahren von Monaten ausgehen würde, wäre der biologische Wahrheitsgehalt dieser vorsintflutlichen Langlebigkeit nicht wirklich verständlicher. Im Gegenteil: Dann hätte nämlich Henoch, der Urgroßvater Noahs, seinen Sohn Methusalem im zarten Alter von knapp fünfeinhalb Jahren gezeugt. Warum werden dann aber in der Zeit vor der großen Flut die Altersangaben so freizügig in die Länge gezogen? Die Bibelwissenschaften geben dafür eine Reihe von Gründen an. Zunächst weisen sie darauf hin, dass kein Mensch, der diese biblischen Erzählungen zur Zeit ihrer Entstehung hörte, glaubte, dass diese Jahreszahlen real gewesen wären. Man dachte damals eben noch nicht biologistisch, das heißt anders als für uns heute waren Zeitangaben nicht unbedingt mathematisch korrekte Angaben, sondern sollten etwas ganz anderes ausdrücken. So sind Wissenschaftler zum einen der Meinung, dass die Verfasser dieser biblischen Texte einen deutlichen Unterschied der Zeit vor und nach der Flut darstellen wollten. Warum? Nun, wie wir aus eigener Erfahrung beim Älterwerden wissen: Früher war alles besser! Im Winter gab es mehr Schnee, im Sommer gab es mehr Sonne, das Essen war besser, usw. – Also sind die Menschen früher natürlich auch älter geworden – und zwar nicht nur ein bisschen, sondern viel älter!

Des Weiteren muss man sich klarmachen, dass die Menschen damals durchaus enge Beziehungen und Verbindungen zu den anderen Kulturen des sogenannten »fruchtbaren Halbmondes« pflegten. So nennt man das fruchtbare Gebiet, das sich wie eine Mondsichel zwischen den Flüssen Euphrat und Tigris bis hin zum Schwemmland an den

Ufern des Nils erstreckt. Betrachtet man die ersten Zeugnisse dieser Hochkulturen, so reichen sie bis ins vierte Jahrtausend v. Chr. zurück. Die Schöpfungsgeschichte durfte folglich nicht später angesetzt werden als die ersten bekannten Reiche des Altertums. Die Welt kann ja schließlich nicht nach den ersten Pharaonen oder nach den ersten Städten in Ur entstanden sein!

Wenn man weiterhin davon ausgeht, dass es den Verfassern der biblischen Texte hinsichtlich des Volkes Israel und seiner Geschichte darauf ankam, eine ungebrochene bzw. ununterbrochene Abstammungslinie von der Zeit der Schöpfung der Welt bis zu Abraham vorzuweisen, dann wird klar, dass sie das Lebensalter der ersten Protagonisten des Menschheitsgeschlechtes einfach sehr in die Länge ziehen mussten, um mit zehn Generationen (von Adam bis Noah) knappe 2000 Jahre überbrücken zu können. Und eine solche ununterbrochene Genealogie war von großer Bedeutung! Denn nur so konnte man Gott als denjenigen anerkennen, der einen fortlaufenden Fluss des Lebens mit einer ununterbrochenen Kette von Familiengeschichten bis in die jeweilige Gegenwart des Lesers gewährleistete. Schließlich wollte man ja von Anfang an zu den Auserwählten gehören. Wir sind doch die Guten! Das zeigt sich auch noch im Neuen Testament, wo am Anfang des Matthäusevangeliums der Stammbaum Jesu von der Erschaffung der Welt an aufgeführt wird. Die Botschaft ist auch hier klar: Gott hat nie aufgehört, den Menschen – oder zumindest einigen auserwählten Menschen – beizustehen.

Aber zurück zu Noah, dem mundfaulen Heimwerker. Schon sein Name ist höchst interessant und offen für eine Fülle theologischer Interpretationen. Die erste Deutungsmöglichkeit liefert Lamech, Noahs Vater, der bei der Bekanntgabe des Namens seines ältesten Sohnes davon spricht, dass in Noah die Menschen ausruhen werden von der Mühe des täglichen Arbeitens auf dem vom Herrn verfluchten Ackerboden. Das ist deshalb wichtig, weil damit wiederum eine Beziehungslinie zur biblischen Genealogie gezogen werden kann. Was mit der Vertreibung aus dem Paradies an Arbeit auf die Menschen zukommt, findet einen ersten Höhepunkt und zugleich einen vorübergehenden Abschluss in Noah. Daneben gibt es aber eine ganze Reihe anderer Bedeutungsmöglichkeiten, die mit seinem Namen verbunden sind. Da wird vom »Trösten« gesprochen; an anderer Stelle vom »Aufseufzen«. Schließlich findet sich bei Bibelwissenschaftlern auch die Übersetzung »beruhigen«. Und wäre das nicht schon ausreichend für eine ausgesprochen intensive bibeltheologische Diskussion, so stellt sich darüber hinaus auch noch die Frage, wer denn da ausruht oder getröstet wird bzw. wer hier aufseufzt oder ruhig wird. Sind es die Menschen, ist es Gott, oder beziehen sich die verwendeten Begriffe auf die Beziehung Gottes zu den Menschen? Alles wichtige Fragen, aber für eine erste Begegnung mit dem Arche-Typen Noah wäre ihre Beantwortung ein bisschen viel verlangt. Das überlassen wir gern den ausgewiesenen Experten. Wir wenden uns vielmehr wieder ihm selber und seiner Lebensgeschichte zu.

Im Alter von etwa 500 Jahren wird Noah Vater von drei Söhnen: Sem, Jafet und Ham. Der Name ihrer Mutter wird nicht überliefert. Wie sowieso die ganze vorsintflutliche Geschichte ziemlich männerzentriert ist! Frauen kommen darin nicht vor und Noah verliert über sie – wie auch sonst – kein einziges Wort.

Die weitere Geschichte bis zur großen Flut ist schnell erzählt. Gott ist stinksauer. So sehr ärgert er sich über die Bosheit der Menschen, dass er bereut, sie überhaupt erschaffen zu haben. Er seufzt auf (hier also der Begriff, von dem wir eben gesprochen haben) und beschließt, den Menschen eins auszuwischen. Nun ja, das mag jetzt zynisch klingen. Aber der hebräische Begriff, der an dieser Stelle Verwendung findet, besagt genau das: Gott will die Menschheit »auswischen«, so wie man einen Fehler von einer Tafel wegwischt und neu zu schreiben beginnt. Wie bei jeder Tafel braucht man dazu Wasser. In unserem Fall viel Wasser. Weil eine Tafel nur wieder leserlich beschrieben werden kann, wenn man alles wegwischt, fallen unter diese göttliche Wisch-und-weg-Entscheidung alle Kreaturen, die die Erde bevölkern. Die ganze Erde soll entvölkert und neu besiedelt werden. Moment mal: die ganze Erde, mit allen Lebewesen?

Da müsste man ja alles neu machen. Das wird Gott aber zu viel Arbeit gewesen sein. Warum auch? Denn eigentlich war die Schöpfung an sich ja durchaus gelungen. Das hatte Gott selbst zugegeben, als er im Rahmen seines Schöpfungswerkes regelmäßig am Schluss festgestellt hatte: »er sah, dass es gut war.«

Deswegen entscheidet sich Gott dafür, einen kleinen Rest von allem übrig zu lassen.

In unserem Fall Noah samt Familie und von allen Tieren einige Exemplare. Warum aber gerade Noah? Da gibt die Bibel eine lapidare Antwort: »Noach aber hatte in den Augen des Herrn Gnade gefunden« (Gen 6,8). Und schon wieder haben wir ein Problem mit dem Hebräischen. Der verwendete Begriff (*chen*) sagt nämlich nicht dasselbe aus, wie unser deutscher Ausdruck »Gnade«. Letzterer scheint grundlos zu sein. Gnade kann man nicht begründen. Sie wird quasi willkürlich gewährt. So einfach war das bei Noah aber nicht. Vielmehr heißt es, er sei »ein gerechter Mann« gewesen. Das bedeutet im biblischen Kontext ungefähr soviel wie, er habe seine Beziehung zu Gott nicht verloren. Auf ihn also hatte sich der Herr stets verlassen können. Das wird respektiert und belohnt werden. Deswegen werden Noah und seine Nachkommen vom drohenden Unheil ausgespart. Mit ihm kann man die Tafel neu beschreiben. Und deswegen erhält er auch den Auftrag, Vorkehrungen zu treffen, damit sich Gottes Vernichtungswille erfüllen kann.

Und Noah gehorcht. Er äußert keine Bedenken, gibt keinen weiteren Kommentar zur göttlichen Entscheidung ab, sondern fängt an, zu bauen. Sein Schweigen wird hier von Gott als Billigung gewertet. Wir kennen das ja aus Parlamentssitzungen, wenn der Präsident feststellt: »Es erhebt sich kein Widerspruch, also wird so verfahren.«

Das Werk beginnt. Gott gibt Noah genaue Bau-Anweisungen. Er soll einen Rettungskasten bauen. Eine Arche. Sie soll groß genug sein, um nicht nur seine Familie aufzunehmen, sondern auch von allen Tieren je ein weibliches und ein männliches Exemplar: eben das, was man braucht, um neu anfangen zu können. Und das ist nicht wenig! Auch wenn die Größenangaben der Bibel nicht eindeutig sind, kann man über den Daumen gepeilt sagen, sie habe eine Länge von 135 m, eine Breite von 23 m und eine Höhe von 13 m gehabt. Alles zusammen also über 50.000 Kubikmeter Rauminhalt. Ein riesiges Bauwerk, auch für unsere heutigen Verhältnisse! So viel Rauminhalt hatte beispielsweise auch die Titanic.

Aus Holz soll sie errichtet sein. Denn Holz schwimmt. Gleichwohl ist die Arche kein Schiff. Schiffe baut man, um von einem Ort zum anderen zu gelangen. Das ist aber nicht der Zweck der Arche. Sie ist nichts anderes als ein abgedichteter Kasten, ein geschützter Raum, mit dem man sich vor den Wassermassen retten konnte. Ob man die Titanic nicht auch besser als Arche konstruiert hätte? Ob – wie manchmal gefragt wird – acht Menschen in der Lage gewesen sind, solch ein Ungetüm von einem Bauwerk wirklich errichten zu können, interessiert die Bibel nicht. Auch hier geht es der Heiligen Schrift nicht um eine historisch korrekte Beschreibung, sondern darum zu zeigen, dass der Mensch in der Lage ist, durch eigenes Tun einer übermächtigen

Natur zu trotzen. Und das war er. »Vorsprung durch Technik« könnte man dazu sagen.

Als der Kasten fertig, die Arche also vollendet ist, versammeln sich in ihr nicht nur die acht Menschen (Noah, seine Frau, seine drei Söhne und deren Frauen –.), sondern auch Exemplare aller Tiere auf der Erde. Dabei werden von den »reinen« Tieren jeweils sieben Paare an Bord genommen, von den »nicht reinen« lediglich jeweils ein Paar. Meist geht man davon aus, dass damit die Möglichkeit für ein späteres Dankopfer abgesichert werden sollte, ohne damit das Überleben einer ganzen Spezies zu gefährden. Denn als »rein« wurden solche Tiere angesehen, die opferfähig waren.

Übrigens scheinen alle Insassen der Arche vegetarisch gelebt zu haben. Sonst hätten sie sich ja gegenseitig aufgefressen und auch das wäre dem Neuanfang nach der Flut nicht zuträglich gewesen. Außerdem entsprach diese Ernährungsweise den Anordnungen Gottes am Beginn der Schöpfung. Erst später, nach der Flut, wird der Verzehr von Fleisch und damit das Töten von Tieren mit Einschränkungen erlaubt werden.

Dann kommt die Flut. Konkret heißt es im Bibeltext des Buches Genesis, die Luken des Himmels seien geöffnet worden. Das kann man nur verstehen, wenn man sich klarmacht, dass man das Blau des Himmels in jenen Zeiten als einen großen Ozean deutete, der von Gott bei der Schöpfung des Wassers auf der Erde, also dem Meer, getrennt worden war.

Die Sintflut war also kein Dauerregen. Sie war vielmehr im wahrsten Sinn des Wortes eine himmlische Sturzflut. Zugleich öffnet sich der Erdboden und entlässt aus sich heraus die Wasser des chaotischen Urmeeres, die alles überschwemmen. Die ganze Erde wird also von unten und von oben geflutet. Ein Schiff hätte in einem solchen Szenario keine Chance gehabt. Ein einfacher Holzkasten hingegen ist einer so beschriebenen Wasserorgie durchaus gewachsen. Interessanterweise wird eine solche umfassende und totale Katastrophe in vielen Kulturen überliefert. Ob es sich dabei aber um eine weltumspannende Überflutung gehandelt hat, oder eher um die allen Menschen zugängliche Erfahrung der Zerstörungskraft von Wasser, soll uns an dieser Stelle nicht weiter beschäftigen.

Als die Flut zu ihrem Ende kommt, schickt Noah von seiner Parkposition auf dem Gipfel des Berges Ararat (oder war es der Mount Everest?) zunächst einen Raben auf die Suche nach Festland. Dieser kehrt erfolglos zurück. Die ganze Erde scheint noch immer eine »Water World« gewesen zu sein. Auch eine von Noah ausgesandte Taube kehrt von ihrem ersten Probeflug unverrichteter Dinge zurück. Beim nächsten Versuch hält sie den berühmt gewordenen grünen Ölzweig im Schnabel. Damit keimt bei Noah und seiner Familie Hoffnung auf. Und in der Tat wurde dieses Motiv später zu einem universalen Symbol für Leben und Frieden. Bei der dritten Erkundungsmission scheint die Taube endlich Erfolg gehabt zu haben. Sie findet festen Grund und damit eine Ausrede, nicht wieder zur Arche zurückkehren zu müssen. Wahrscheinlich war das Essen dort nicht so gut oder sie hatte schon eine Ahnung davon, was ihr nach dem Verlassen der Arche blühen konnte.

Noah nämlich betätigt sich sofort wieder als Konstrukteur. Er baut einen Altar – den ersten, von dem wir in der Bibel lesen – und vollzieht ein ordentliches Gemetzel. Er bringt nämlich von allem reinen Vieh und auch von allen reinen Vögeln (dazu gehören auch die Täubchen) ein Brandopfer dar.

Dass ausgerechnet ein Brandopfer nach der wassertriefenden Katastrophe der Sintflut vollzogen wird, entbehrt nicht einer gewissen Ironie. Denn der Rauch des Opfers strömt nach oben, zum Himmel, von wo vorher das Wasser herabstürzte. Gott wird durch den Duft des Opfers besänftigt. Er beruhigt sich, wie es im hebräischen Text heißt. Und weil

Gott so in eine ziemlich entspannte Grundstimmung fällt, gibt er gleich ein großes Versprechen ab: Er will die Erde nicht mehr vollkommen vernichten. Und das, obwohl der Mensch ist, wie er eben ist: »böse von Jugend an«. Aber dafür will er nicht mehr die ganze Schöpfung bestrafen.

Vielmehr erhält der Erdboden einen eigenen Rhythmus des Wachsens und Vergehens, in dem auch der Mensch einen Platz findet. Letztlich könnte man sagen: Auch wenn der Mensch immer wieder seinen eigenen Kopf durchsetzen will, ist Gott von nun an bereit, ihn als Teil der Welt hinzunehmen und seine Neigung zu Fehlern, ja sogar zum bösen Handeln zu akzeptieren. Das scheint Gott nicht leicht gefallen zu sein. Es ist schwer hinzunehmen, dass die eigene Schöpfung, zu der auch der Mensch gehört, nur die zweitbeste aller möglichen Welten ist. Aber egal: Der Rauch hatte Gott ja schließlich milde und versöhnlich gestimmt …

Was nach der Flut mit Noah und den Seinen geschieht, interessiert heute die wenigsten Menschen. Das ist insofern kurios, weil die letzten 350 Jahre seines Lebens doch eigentlich die für uns relevantesten sein müssten. Denn die Erde musste ja neu bevölkert werden – und das mit einem ziemlich eingeschränkten Genpool.

Für Noah selbst muss die Zeit recht langweilig gewesen sein. Die Kinder verheiratet und mit eigenen Sorgen, vielleicht war auch seine Frau schon verstorben. Was macht da ein kreativer Mann wie er? Nun, so berichtet es die Heilige Schrift, er entdeckt für sich ein neues Hobby: den Weinbau. Richtig gelesen! Noah wird als derjenige identifiziert, der als erster Weintrauben anbaute und sie zu dem Getränk verarbeitete, von dem die Bibel sagt, dass es das Herz des Menschen erfreue (Ps 104,15). Anders als beim Bau der Arche musste er dazu von Gott nicht erst gedrängt werden. Beim Wein ist also die Frage »Wer hat's erfunden?« einfach zu beantworten: Noah! Und weil er wie schon gesagt ziemlich alleine war, geht der Großteil seiner Weinproduktion in den Eigenverbrauch. Im Wein liegt nicht nur die Wahrheit, sondern auch Trost und Vergessen. Beides scheint unser arbeitslos gewordener Weltenretter gebraucht zu haben. Trost findet er offensichtlich im Rebensaft – wir heutigen Menschen auch noch.

Wenn man schon die gesamte Weinproduktion der Erde in seinen eigenen Fässern hat, kann es schon einmal passieren, dass man sich ordentlich betrinkt. Und wie das bei einem Rausch so ist, wird man sehr müde. So müde, dass einem alles egal ist. Auch, wo und wie man ins Bett kommt. Nur irgendwie raus aus den Klamotten und rein in die Falle. Das ist offensichtlich auch Noah passiert, und so fällt er in einen weinseligen Schlaf – und zwar nur mit dem Kostüm seines Urahnen Adam bekleidet, also mit gar nichts. Diese Episode vom Vollrausch Noahs wird von der Bibel übrigens ohne irgendeine moralisierende Beigabe beschrieben. So ist das eben manchmal mit alten Leuten. Speziell, wenn sie alleine sind. Das passiert in den besten Familien.

Was aber nicht passieren darf, ist die Reaktion eines seiner Söhne, nämlich des Jüngsten, Ham. Der sieht die Nacktheit seines Vaters und tut nicht das, was meist in einem solchen Fall das Beste ist: Er übersieht sie nicht. Vielmehr hat er nichts Besseres zu tun, als das ganze seinen beiden Brüdern brühwarm zu erzählen. Heute hätte er wohl mit seinem Handy ein Foto gemacht und es in den sozialen Netzwerken gepostet. Egal. Seine Brüder haben es jedenfalls nicht »geliked«. Vielmehr reagieren sie schamhaft und ehrfürchtig. Rückwärts, ohne den nackten Vater anzusehen, gehen sie in sein Zelt und bedecken ihn mit seinem Gewand. Vielleicht hatte der Rotzlöffel Ham die Kleidung seines Vaters triumphierend und als Beweis für seinen Bericht mit nach draußen gebracht. In jedem Fall erfüllen die zwei erstgeborenen Jungs ihre Sohnespflichten. Sie erweisen ihrem Vater den Respekt, den ihm Ham offensichtlich schuldig geblieben ist.

Das bekommt auch Noah mit, als er aus seinem Rausch erwacht. Er wird zornig. Sehr zornig. Und zum ersten und einzigen Mal in der Bibel ergreift er das Wort und spricht. Und zwar Bedeutungsschweres! Er segnet seine Söhne Sem und Jafet und verflucht – Kanaan, den Sohn Hams. Wie bitte? Wieso denn nun diesen? War Noah noch so verkatert, dass er in diesem Augenblick die Situation nicht richtig einschätzen und in den Blick nehmen konnte?

Nun, so viel »Blauäugigkeit« wollen wir ihm nicht unterstellen. Vielmehr merken wir hier, dass es den Erzählern dieser Episode um etwas ganz anderes ging als um einen Wutausbruch Noahs, so verständlich er auch gewesen sein mochte. Die Noah-Sprösslinge stehen nämlich hier nicht allein für sich, sondern für die ganze verbliebene Menschheit. Von ihnen stammen die Völker der Erde ab. Von wem sonst?, wollte man angesichts der vorausgegangenen Flut fragen. Was also über Ham ausgesagt wird, betrifft auch seine Nachkommen. Wird er verflucht und dazu verurteilt, Knecht seiner Brüder zu sein, so gilt das auch für die Völker, die aus ihm hervorgehen. Um das von vorneherein deutlich zu machen, wird an dieser Stelle gleich von Kanaan, seinem Sohn, gesprochen.

Da kommt also am Schluss noch eine gehörige Portion Politik mit ins Spiel. Und dass Politik gerne nach Begründungen aus der Vergangenheit sucht, wenn sie gegenwärtige Zustände rechtfertigen will, weiß man ja. Dass hier auch noch ein ordentliches Maß an alten Familienkonflikten mitschwingt, ist ebenfalls offensichtlich. Es ging also nach der Flut genauso weiter wie vorher. Da könnte es einem die Sprache verschlagen. Der Rest ist wieder Schweigen.

– 3 –
Sara: Die gnadenlose Familienchefin

Wenn zwei Frauen sich streiten, so sagt es der Volksmund, dann mitunter geht es drunter und drüber. Wenn dann auch noch nicht einmal auf gleicher Augenhöhe gekämpft wird, sondern die Machtverhältnisse eine Rolle spielen, wird die Sache häufig ziemlich unschön.

Von einem solchen Konflikt berichtet auch das Buch Genesis. Er entzündet sich an der zentralen Frage des Kinderkriegens und hat alles, was man für ein Beziehungsdrama braucht: einen alternden, wohlhabenden Ehemann mit Kinderwunsch, eine Ehefrau, die an ihrer Unfruchtbarkeit leidet, eine junge Frau aus der sozialen Unterschicht, die nach oben kommen will, und schließlich die Kinder, die in der Regel nichts für den Zwist können.

Wir sprechen von Sara und Hagar – und ein bisschen von Abraham. Aber der hat in dieser Konfliktgeschichte eigentlich nur eine Nebenrolle zu spielen. Was ist der Ausgangspunkt unserer Geschichte? Sara, Abrahams Ehefrau, ist kinderlos. Sie gilt als unfruchtbar. Was Männern damals übrigens nie unterstellt wurde. In jener Zeit waren immer die Frauen die »Schuldigen«, wenn es mit dem Nachwuchs nicht klappte. In unserem Fall stimmt das sogar. Fest steht, dass Saras Ansehen durch ihre Kinderlosigkeit stark gefährdet ist. Denn der Hauptzweck der Ehe bestand darin, Kinder zu bekommen. Söhne sollten es sein, denn die setzten die Familie und ihre Traditionen fort und sicherten den guten Namen derselben. Keine Kinder zu bekommen, galt als das Schlimmste, was einer Frau passieren konnte. Gerade in vermögenden Kreisen war es dann in solchen Fällen durchaus üblich, dass sich der Ehemann eine Nebenfrau nahm und mit ihr die Kinder zeugte, die seine Hauptgattin ihm nicht schenken konnte. Was das für die solcherart im wahrsten Sinne des Wortes »abgefertigte« Hauptfrau bedeutete, kann man sich auch mit wenig Fantasie gut vorstellen.

Sara ist dementsprechend frustriert, hadert mit Gott (und wohl auch mit ihrem Ehemann) und überlegt verzweifelt, wie sie diesem Ansehensverlust und dem damit verbundenen Imageschaden entgehen kann. Den Ausweg sieht sie (deren Namen übrigens zu deutsch »Herrin« bedeutet) darin, ihre ägyptische Sklavin Hagar zur Leihmutter zu beordern. Anders als heute war eine Leihmutterschaft im Alten Orient durchaus gesellschaftlich akzeptiert. Die Sklavin gebar stellvertretend für ihre Herrin dem Familienoberhaupt ein

Kind. Das war für Sara die geniale Lösung ihres Problems, hatte das doch den Vorteil, dass sie sich auf diese Weise keine gleichgestellte Gegnerin ins Haus bzw. ins Zelt holte. Die Sklavin erhöhte ihre gesellschaftliche Stellung durch die Geburt nicht. Das geht auch gar nicht, denn sie hat gar keine soziale Stellung! Sie war reines Eigentum, wie jedes Tier, wie jeder Teppich, wie jeder Topf. Der Begriff der »Gebärmaschine« kann hier in all seiner würdelosen Bedeutungsdichte wirklich einmal benutzt werden, ohne einen Sturm der Entrüstung zu entfachen.

Sara hat also vor allem ihr eigenes Ansehen als Herrin des Hauses im Blick. Deshalb schickt sie Abraham zu ihrer Sklavin Hagar. Diese ist nichts anderes als ein Instrument zur Lösung ihrer eigenen Probleme. Hagar kann als Sklavin nicht frei über sich und ihren Körper verfügen. Über sie wird verfügt. Ihre einzige Aufgabe ist es, sich den Ansprüchen und Bedürfnissen ihrer Herrschaft zu fügen.

Und Abraham? Er scheint sich gegen diesen Plan Saras nicht gesträubt zu haben. Er war ja, wie es heißt, auch schon in fortgeschrittenem Alter. Da geht man gern mal Konflikten aus dem Weg. Zumal dann, wenn das von der Ehefrau geforderte »Opfer« alles andere als schmerzvoll zu werden verspricht.

Wie von Sara geplant, wird ihre Sklavin schwanger. Aber anders als von ihr erwartet, fordert Hagar für sich durch ihre Schwangerschaft eine andere gesellschaftliche Stellung ein. Eine, die ihr als Sklavin nicht zukommt. Sie verliert gegenüber ihrer Herrin den Respekt und fordert für sich selbst plötzlich so etwas wie Achtung ein. Im biblischen Text heißt es, Sara wurde »klein in ihren Augen«.

Der Haus- bzw. Zeltherrin entgeht diese Veränderung der Selbsteinschätzung Hagars nicht und sie reagiert, wie sie eben als Chefin reagieren kann: Sie wendet sich an ihren Gatten. Sie redet nicht von Frau zu Frau mit Hagar, sondern spielt vielmehr über Bande.

Abraham wird zum Ziel ihres Zorns. Ihm macht sie nun Vorwürfe. Es entsteht also eine typische Dreiecksgeschichte mit ungleichen Partnern – leider ohne Happy End.

Abraham zieht es vor, sich aus diesem Streit rauszuhalten, und entzieht sich der Verantwortung. »Mach mit ihr, was du willst!«, ist sein lapidarer Ratschlag an Sara. Und Sara tut genau das. Mit dem Freibrief des Ehegatten ausgestattet, »beugt sie Hagar nieder«, wie es heißt. Mit denselben Worten wird übrigens später die Versklavung der Israeliten in Ägypten gekennzeichnet. Und wie bei Israel in Ägypten folgt auf diese Unterdrückung ein Exodus: die Sklavin Hagar flieht in die Wüste

An einem Brunnen oder einem Wasserloch – Genaueres wissen wir nicht – begegnet Hagar, der sexuell ausgebeuteten Sklavin, kein freundlicher Karawanenführer, sondern vielmehr ein Engel Gottes. Aber statt sie zu trösten und ihr einen Weg aus ihrer Misere zu weisen, schickt er sie zurück zu ihrer Herrin. Klaglos soll sie die Härte Saras akzeptieren. Gott mischt sich nicht in die gesellschaftlichen Verhältnisse ein. Aber er versüßt sie Hagar, indem er ihr eine Verheißung mit auf dem Weg gibt. Sie wird einen Sohn gebären, dem soll sie den Namen Ismael geben. Und er werde zahlreiche Nachkommen haben – wir kennen das ja von Gott.

Interessant ist, dass ihr auch schon ein Name für das Kind gegeben wird: Ismael (»Gott hört«). Denn normalerweise liegt das Recht auf die Namensgebung beim Familienoberhaupt. Damit soll letztlich deutlich gemacht werden, dass Gott hier seine Hände im Spiel hat. Und zugleich versteht Hagar: Es handelt sich nicht um einen Konflikt zwischen ihr und ihrer Herrin Sara, vor dem sie einfach weglaufen könnte. Nein, Gott ist hier aktiv. Und das verändert alles – übrigens auch die Position Hagars. War sie bislang einfach ein rechtloses Objekt im Besitz ihrer Herrin Sara, so darf sie sich jetzt als auserwähltes

Werkzeug Gottes verstehen. So macht sie sich also auf und kehrt aus ihrem selbst gewählten Exil in der Wüste zurück. Wir wissen nicht, wie Sara reagiert hat, dürfen aber durchaus annehmen, dass sie Hagar weiter ziemlich fertig gemacht haben wird, denn die Bibel verliert darüber keine weiteren Worte. Vielmehr wird berichtet, dass sich die Verheißung erfüllt und Hagar einen Sohn zur Welt bringt. Gott hat also den ersten Teil seines Versprechens gehalten. Da hätte man eigentlich gut lachen. Aber Gott ist eben jemand, der Vielen viel verspricht – auch Sara. Auch ihr wird von Gott ein Sohn verheißen. Das amüsierte Lachen Saras, die in ihrem fortgeschrittenen Alter an so eine Zusage nicht mehr wirklich glauben kann, wird sich übrigens im Namen des gemeinsamen Sohnes verewigen: Isaak, zu Deutsch: »Gott lacht«. Wir sehen: wer zuletzt lacht, lacht am besten!

Mit der Geburt von Isaak eskaliert der Konflikt zwischen den beiden Frauen noch einmal.

Denn jetzt geht es ums Stammhalter-Erbe. Und da hört ja bekanntermaßen jeder Spaß auf!

Denn Ismael war ja im Auftrag Saras für Abraham geboren worden. Damit galt er nach orientalischem Recht als der Erstgeborene, und zwar mit allen Rechten und Pflichten. Plötzlich erinnert sich Sara nicht mehr an die von ihr selbst initiierte Leihmutterschaft. Jetzt ist Ismael nicht mehr Abrahams Sohn, sondern Hagars Bankert. Der Sohn einer Sklavin kann doch wohl nicht auf derselben Stufe stehen wie ihr von Gott geschenktes Kind! Erst recht kann er nicht als der Erstgeborene und Erbe ihres Mannes gelten! Deswegen fordert sie von Abraham, Hagar samt ihrem Kind zu verstoßen. Wir merken spätestens an diesem Punkt: Wenn es um die Stammhalterschaft ihrer Familie ging, war Sarah bereit, bis ans Äußerste zu gehen.

Diesmal aber hat sie zunächst die Rechnung ohne den Wirt, bzw. ohne Abraham gemacht. Der sträubt sich. Er scheint eine Beziehung zu seinem Sohn Ismael entwickelt zu haben. Schließlich hat er ihn vor aller Welt als seinen Sohn und Erben anerkannt. Aber schlussendlich gehorcht er seiner Frau. Am nächsten Morgen werden Hagar und Ismael, nur mit einem Schlauch Wasser und ein wenig Brot ausgestattet, fortgeschickt.

Übrigens war eine solche unbarmherzige Reaktion des biblischen Stammvaters auch schon zu Zeiten der Abfassung dieser Erzählung als ungerecht angesehen worden. Deswegen wurde sie dahingehend geglättet, dass dem überaus betrübten Abraham Gott begegnet sei und ihn ermuntert habe, seiner Frau in allem zu Willen zu sein. Er, Gott, werde sich schon um die Sache kümmern und auch Ismael zum Stammvater eines großen Volkes machen. Und das tut er dann auch. In der Wüste, kurz vor dem Verdursten, wird das Wehklagen der beiden Vertriebenen tatsächlich erhört. Jahwe stattet sie mit allem

Lebensnotwendigen (besonders mit Wasser) aus und rettet sie. Der Segen, der schon während der Schwangerschaft seiner Mutter verheißen worden war, ruht nun auf Ismael. Er nimmt sich in der Folge eine ägyptische Frau, also jemanden aus der Heimat seiner Mutter, und lebt in der Wüste – und zeugt Kinder. Viele Kinder. Erstaunlicherweise arbeitet er dort als Bogenschütze, nicht als Hirte. Er wird also Jäger und Sammler – und Söldner. Ein Berufsbild, das als kulturell minderwertiger als jenes des Hirten angesehen wurde. Und so haben auch die Israeliten über die Ismaeliten wirklich gedacht. Sie haben die Nase über sie gerümpft.

Was lehrt uns diese Geschichte? Wenn zwei Frauen streiten, hilft manchmal nur der Himmel!

– 4 –
Josef: Der verträumte Lieblingssohn

Die Lebensgeschichte unseres Protagonisten hat alles, was man für einen Roman benötigt. Dessen war sich auch Thomas Mann bewusst, als er 1926 die Vorarbeiten zu seinem umfangreichen Roman-Vierteiler »Josef und seine Brüder« begann. Auch für Kinofans eignet sich der Stoff hervorragend – und zwar mit jeder Menge Fortsetzungen! Josef und seine Brüder – das ist eine Geschichte von übertriebener Vaterliebe, Neid und Eifersucht, Geld, Macht und Sex. Und sie hat auch noch ein Happy End, das zugleich den Anfang für viele weitere biblische Geschichten bildet. Was will man mehr!

Aber eins nach dem anderen. Die »Josefsnovelle« (wie die Geschichte von Bibelwissenschaftlern bezeichnet wird), die in 14 Kapiteln des Buches Genesis erzählt wird (Gen 37–50), zeichnet uns an ihrem Anfang das Bild eines 17-jährigen Teenagers. Hübsch und intelligent war Josef, der elfte Sohn des biblischen Patriarchen Jakob. Er war sein absoluter Favorit, wozu vielleicht beigetragen haben dürfte, dass er das erste Kind von Jakobs Lieblingsfrau Rahel gewesen ist. Diese starb schon früh bei der Geburt ihres zweiten Kindes, des Nesthäkchens der Familie, Benjamin mit Namen.

Neben seinen äußeren Reizen, die ihm später noch manche Probleme eintragen werden, ist Josef ein großer Träumer. Meistens steht er in seinen Träumen auch noch im Zentrum. Das ganze Universum huldigt ihm darin, die Sonne, der Mond und die Sterne kreisen um ihn als ihrem Zentralgestirn. Selbstbewusstsein hat er. Doch klug ist er noch nicht – und zwar bei aller gegebenen Intelligenz! Denn wer solche Träume hat, sollte sie bloß nicht überall weitererzählen. Besonders nicht denjenigen, die sowieso schon neidisch auf seine bevorzugte Stellung bei seinem Vater sind, sprich: seinen zehn älteren Brüdern. Die fanden es nämlich ganz und gar nicht gerecht, dass der hübsche Bengel sich beim Vater herumtreiben konnte und sie sich weit entfernt von zu Hause, draußen in der Wildnis, um die Viehherden zu kümmern hatten. Auch als ihm sein Vater – aus welchem Anlass auch immer – einen sündhaft teuren Mantel schenkt, sind seine zehn Halbbrüder nicht wirklich erfreut darüber. Es knistert gewaltig in der Brüderschar!

In dieser angespannten patchwork-familiären Situation kommt Josef dann auch noch mit seinen egozentrischen und nicht gerade von Bescheidenheit und Demut triefenden Träumen daher.

Dabei ist er kein schlechter Kerl, unser Josef. Im Gegenteil. Auch seine Träume erzählt er nicht, um groß anzugeben. Er ist einfach unbedarft, gedankenlos und naiv. Wer bei allen daheim der Liebling ist, kann es sich offensichtlich gar nicht vorstellen, dass ihn nicht alle anhimmeln. Auch sein Vater Jakob ist da keine große Erziehungsleuchte. Statt seinem Sohnemann klar und deutlich Einhalt zu gebieten und ihm deutlich zu machen, dass solche Traumgeschichten nicht geeignet sind, die familiäre Harmonie zu festigen, lässt er seinem Liebling all das durchgehen, wofür er seine anderen Söhne wahrscheinlich ordentlich verdroschen hätte. Deren Reaktion auf die »unschuldigen Allüren« ihres Halbbruders ist eindeutig: Sie verstehen sie als das, was sie sind: Aussagen über Josefs Status im Kreise seiner Geschwister. Und dafür hassen sie ihn wie die Pest! Das hat solange keine Folgen, wie sie weit voneinander entfernt sind. Als aber Jakob Josef von der Heimatbasis in Hebron zu seinen Brüdern nach Sichem (immerhin 70 km Luftlinie) schickt, um in seinem Namen nach dem Rechten zu sehen (man könnte auch sagen: um sie auszuspionieren), eskaliert die angespannte Situation endgültig. Wobei: Zuerst findet er sie in Sichem gar nicht. Sie sind noch 20 km weitergezogen, nach Dotan, einem Ort, der sich Josef zeitlebens ins Gedächtnis eingebrannt haben wird. Erst ein Mann, den er unterwegs trifft (viele Wissenschaftler halten ihn für einen Boten Gottes), weist ihm den Weg zu seinen Brüdern – und in den vermeintlichen Untergang. Als Josef in Dotan ankommt, beschließen die zehn großen Halbbrüder, sich Josefs und seiner Träume ein für alle Mal zu entledigen. Eigentlich wollen sie ihn totschlagen. Aber das wäre selbst in dieser nicht gerade liebestrunkenen Familie ein zu krasses Verbrechen. Deswegen reißen sie Josef erst einmal sein kostbares Gewand vom Leib (im Hebräischen wird dafür übrigens der Begriff »enthäuten« verwendet – wie bei einem Opfertier) und werfen ihn anschließend in ein Loch, wo er sterben soll. Doch dann überlegen sie es sich anders: Sie beschließen, ihn als Sklaven an eine Karawane auf dem Weg nach Ägypten zu verkaufen. Vorher aber wird Josef von einer anderen Gruppe von Kaufleuten in der Grube entdeckt und mitgenommen. Statt der Brüder verkaufen diese ihn nun an die ägyptische Karawane, was seine Brüder aber nicht wissen. Was sagt man nun dem Vater daheim in Hebron? Sie erfinden eine richtig fiese Geschichte. Den Luxusmantel Josefs zerreißen sie und tränken ihn mit Ziegenblut. Auf diese Weise können sie dem völlig am Boden zerstörten Vater die Story auftischen, Josef sei auf dem langen Weg zu ihrem Lager von einem wilden Tier zerfetzt worden. Welche Verzweiflung sie damit Jakob bereiten, ist ihnen herzlich egal. Schließlich war er ja auch ihnen gegenüber nicht gerade feinfühlig gewesen. – So ist das eben manchmal in Familien.

Zurück zu Josef. In Ägypten angekommen wird er an Potifar, einen ziemlich hohen Beamten am Hof des Pharao, weiterverkauft. Doch plötzlich kommt jemand mit ins Spiel, der bisher in der Geschichte gar nicht vorkam: Gott höchstpersönlich! »Der Herr aber war mit Josef, sodass ihm alles gelang« (Gen 39,2), heißt es da. Josef findet das Wohlwollen seines Besitzers und macht schnell Karriere. Er bringt es bis zum Verwalter des großen Haushaltes. So hat er täglichen Umgang mit seinem Herrn – und mit dessen Gattin. Das wird ihm zum Verhängnis.

Denn dass, wie bereits gesagt, Josef ein überaus attraktiver junger Mann »schön von Gestalt und Aussehen« (Gen 39,6) ist, entgeht der Frau Potifars nicht. Sie wird sich wohl von ihrem Gatten vernachlässigt gefühlt haben und versucht nun mit allen Mitteln, den hübschen Hausverwalter zu einem Schäferstündchen zu drängen. Doch Josef bleibt standhaft. Über die Gründe lässt sich wohlfeil spekulieren: Vielleicht war es die Treue zu seinem Herrn, oder er fand Potifars Frau einfach abstoßend, oder ihm wurde bewusst, dass auch hier in Ägypten Gottes Gesetz gilt. Und das besagt, dass Ehebruch Sünde und ein todeswürdiges Verbrechen ist.

In jedem Fall macht er sich dadurch im Haus unbeliebt – wieder einmal. Aus Liebe wird Hass (auch das Motiv kennen wir bereits), und so bezichtigt die Zurückgewiesene ihn der Nötigung. Was legt sie als Beweis ihrer Lüge ihrem Gatten vor? Josefs Lendenschurz. Schon wieder ein Kleidungsstück, könnten wir sagen. Kleider werden auch in Zukunft im Leben Josefs eine große Rolle spielen! Potifar scheint seiner Frau aber nicht ganz geglaubt zu haben, denn er lässt Josef nicht auf der Stelle hinrichten (was für einen Sklaven üblich gewesen wäre), sondern sperrt ihn vielmehr ins Gefängnis. Schon wieder landet Josef in einem Loch. Mehr als ein Loch waren die Gefängnisse früher nicht. Doch auch dort lässt

Gott Josef nicht im Stich, weil »[…] der Herr ihm alles gelingen ließ, was er unternahm.« (Gen 39,23). Auch im Gefängnis macht er Karriere. Und als er dann noch die Träume seiner Mitgefangenen richtig deuten kann, wird das zwei Jahre später zum Schlüssel für den Hof des Pharaos. Denn dieser hat zwei Träume, die ihn regelrecht verfolgen. Da die Träume eines Pharaos staatstragende Bedeutung haben, versuchen alle seine Hofbeamten und die Priesterschaft, sie zufriedenstellend zu deuten. Aber das gelingt nicht. Da erinnert sich sein früherer Mitgefangener (der königliche Mundschenk) an die Gabe Josefs und berichtet dem Pharao davon. Der lässt ihn augenblicklich aus seinem Loch bringen – und erst mal gründlich säubern und ihm anständige Kleidung (mal wieder!) anlegen. Dann erzählt er ihm seine beiden Träume. Und Josef liefert. Allerdings mit dem Verweis darauf, dass eigentlich nur Gott Träume zu deuten vermag. Das ist dem als Gott verehrten Pharao, für den diese Aussage eigentlich eine echte Ohrfeige für sein gottgleiches Ego bedeutet, gottlob ziemlich egal.

Zunächst erklärt ihm der junge Hebräer, dass es sich bei den beiden Träumen eigentlich um einen einzigen Traum handele. Er stellt Zusammenhänge her, verbindet das Schlechte, das sie enthalten (sieben »magere« Jahre furchtbarer Dürre), mit dem Guten (sieben »fette« Jahre des absoluten Überflusses). Sie stellen keinen Widerspruch, sondern einen zeitlichen Ablauf dar und können mit kluger Planung und Organisation auch bewältigt werden.

Seine Weisheit und Klugheit sind so offensichtlich, dass ihn der Pharao sofort zum Herrn über ganz Ägypten bestellt. Außerdem bekleidet er ihn mit wertvollen Gewändern und königlichem Schmuck – Schon wieder spielt die Kleidung eine wichtige Rolle, denn sie zeigt seinen neuen Status an! – und gibt ihm einen vornehmen ägyptischen Namen

(Zafenat-Paneat, zu Deutsch: »Gott spricht: Er möge leben!«).

Mit seiner Umsicht rettet Josef den Ägyptern das Leben, als dann für Jahre die Ernte ausbleibt. Zwischenzeitlich heiratet er auch noch die Tochter eines hohen ägyptischen Priesters mit Namen Asenat, mit der er zwei Söhne zeugt: Efraim und Manasse. Er ist ganz und gar in Ägypten angekommen. Ein geglücktes Beispiel für gelungene Integration, könnte man sagen.

Hier könnte die Geschichte gut schließen. Da wird einer vom Tellerwäscher zum Millionär, oder besser: vom Sklaven zum Vizekönig Ägyptens. Was will man eigentlich mehr? Aber dann hätte diese Geschichte ja keinen Bezug mehr zum Volk Israel. Der ist jedoch unabdingbar, wenn man im Buch der Bücher einen dauerhaften Platz einnehmen will. Deswegen schwenkt der biblische Kameramann an diesem Punkt zurück auf die Familie Josefs, nach Hebron.

Denn auch alle anderen Länder leiden in jenen sieben »mageren« Jahren große Not und schicken Leute, um in Ägypten Getreide zu kaufen. Es handelt sich also nicht um eine auf Ägypten begrenzte Dürre, sondern sie betrifft die ganze Region des mittleren Orients. Deswegen werden auch die Brüder Josefs von ihrem Vater nach Ägypten gesandt. Denn es hat sich herumgesprochen: Dort gibt es noch genügend Getreide.

Als nun seine zehn älteren Brüder vor ihm stehen, entscheidet sich Josef dafür, sich ihnen nicht zu erkennen zu geben. Die Gründe dafür werden nicht genannt. In jedem Fall zeigt er sich ihnen gegenüber höchst ungnädig. Er bezichtigt sie gar der Spionage. Spielt er damit auf ihre früheren Verdächtigungen ihm gegenüber an, er habe seine Brüder »ausgekundschaftet«? Jedenfalls kann er sie so verunsichern – und aushorchen. Sie berichten ihm über ihre Familienverhältnisse und erzählen ihm von seinem »kleinen« Bruder Benjamin (der jetzt auch schon weit über zwanzig Jahre alt und verheiratet ist). Dieser hat inzwischen die frühere Rolle Josefs eingenommen und durfte zu Hause beim Vater bleiben, während die Brüder die Arbeit verrichten und sich auch auf die Einkaufsreise nach Ägypten machen mussten.

Josef erteilt seinen Brüdern eine Lektion: Sie alle landen im Gefängnis. Dort, wo sie erstmals spüren, wie es ihrem Bruder Josef einst ergangen sein muss, fallen ihnen ihre eigenen Sünden wieder ein. Diese deuten sie als Ursache für ihre jetzige Situation. Das erste Lernziel hat Josef also erreicht. Die Brüder erkennen ihre Schuld an.

Josef behält nun Simeon, den Zweitältesten, als Geisel zurück und schickt seine restlichen Brüder nach Hause, um Benjamin herzubringen. Nur so werde sichtbar, dass sie ihn nicht angelogen hätten und wirklich keine Spione seien. Doch Jakob weigert sich, den letztverbliebenen Sohn seiner geliebten Rahel ziehen zu lassen. Obwohl sich Ruben, der älteste Sohn Jakobs, mit dem Leben seiner eigenen Söhne für Benjamin verbürgt, bleibt der Vater stur: »Er aber sagte: Mein Sohn darf nicht mit euch hinabziehen. Denn sein Bruder ist tot und er ist allein übrig« (Gen 42,38). Eigentlich eine Ungeheuerlichkeit: Ihm war früher nur Josef wichtig gewesen, und jetzt sieht er wieder nur Benjamin, seinen Jüngsten. Seine anderen Kinder, auch der im Gefängnis sitzende Simeon, scheinen ihm egal zu sein! Ein guter Vater war Jakob nicht, Ruben übrigens auch nicht!

Erst der Hunger verändert die Lage: Als es wirklich nicht mehr anders geht, bietet sich Juda seinem Vater als Sklave an, sollte etwas geschehen, wenn er Benjamin mit ihnen nach Ägypten ziehen lässt. Juda muss ein guter Arbeiter gewesen sein und der Hunger furchtbar bedrückend: Jedenfalls stimmt der Familienpatriarch endlich zu.

Ein neues Verwirrspiel beginnt: Josef lädt

seine Brüder zu sich in sein Haus ein, isst mit ihnen, gibt sich aber wiederum nicht zu erkennen. Bei einer von Josef inszenierten Gepäckkontrolle auf der Heimreise findet sich ein von Josef dort versteckter Silberbecher in Benjamins Bündel. Benjamin soll nun zur Strafe als Sklave in Ägypten bleiben – wie einst Josef selbst.

Wieder hat sich bei der Bruderschar etwas geändert. Geschlossen kehren die Brüder zu Josef zurück, und wieder ist es Juda, der sich einsetzt und Verantwortung übernimmt.

Spätestens hier merkt man, dass die leidvollen Erfahrungen, die die Brüder in Ägypten machen, bei ihnen Spuren hinterlassen haben. Als sie dem Vater den blutigen Rock Josefs gebracht hatten, war es ihnen noch ziemlich egal gewesen, was das beim Vater bewirkte. Doch nun gehen sie lieber in die Sklaverei, als ihrem Vater noch einmal solches Leid zuzufügen. – Die zweite Lektion, die sie gelernt haben.

Und Josef? Er schickt alle seine Diener aus dem Raum hinaus und steht jetzt wieder allein vor ihnen – wie damals in Dotan. Nun ist die Situation aber umgekehrt: Hatten sie damals Macht über ihn, so sind sie jetzt ihm auf Gedeih und Verderb ausgeliefert. Aber auch er hat seine Lektion gelernt. Statt sich zu rächen, weint er laut und offenbart sich ihnen endlich: »Ich bin Josef!« (Gen 45,3)

Seinen Brüdern verschlägt es die Sprache. Es dauert eine ganze Weile, bis sie fassen können, was da geschehen ist. Erst nachdem Josef noch einmal das Wort an sie richtet und dieser Geschichte einer eigentlich völlig aus dem Ruder gelaufenen Geschwisterbeziehung einen überraschenden theologischen Sinn gibt, verstehen auch sie: Was die Brüder in ihrem Hass angerichtet haben, hat Gott zum Guten gewendet. Wäre Josef nicht nach Ägypten gekommen, so wären alle – nicht nur die Ägypter – längst verhungert. Doch dazu ist es nicht gekommen: »Doch Gott hat mich euch vorausgesandt, um euer Geschlecht auf der Erde zu erhalten und euch das Leben durch ein großes Wunder zu bewahren. Somit habt nicht ihr mich hierher gebracht, sondern Gott« (Gen 45,7 f.). Der Glaube hat schon ein ziemliches Versöhnungspotenzial!

Josef lernt nun endlich seinen kleinen Bruder Benjamin kennen. Er fällt ihm um den Hals, küsst und herzt ihn und umarmt danach weinend alle seine Brüder. Und dann folgt eine Bemerkung, die fast überflüssig erscheint: Denn man liest, dass sich seine Brüder mit ihm unterhalten. Diese Bemerkung hat es in sich. Denn das hatten sie seit ihrer Kindheit nicht mehr gekonnt: »Als seine Brüder sahen, dass ihn der Vater mehr als alle seine anderen Söhne liebte, hassten sie ihn und konnten kein freundliches Wort mit ihm reden«, hatte es ganz am Anfang der Josefsgeschichte geheißen (Gen 37,4). Das ist nun vorbei.

Einer fehlt noch zum Happy End: Jakob. Josef lässt also seine Brüder mit reichen Geschenken ausgestattet in die Heimat zurückkehren, um ihn zu holen. Doch seine Brüder haben es mal wieder schwer mit ihrem Erzeuger. Als sie ihm alles berichten, glaubt er ihnen zunächst nicht. Es dauert eine ganze Weile, bis er ihren Worten trauen kann. Dann ist er wieder ganz der Alte: »Genug! Mein Sohn lebt noch! Ich will hingehen und ihn sehen, ehe ich sterbe« (Gen 45,28). Wie wenn es wieder nur Josef gäbe!

Spätestens hier wird deutlich: Das größte Problem in dieser Familie war und ist immer noch der Vater. Er hat nichts dazugelernt. Die einseitige Bevorzugung der Söhne seiner Lieblingsfrau Rahel hat die Atmosphäre in der Familie von Anfang an vergiftet. Wenigstens haben seine Söhne wieder zueinandergefunden!

Was für eine beeindruckende Familiengeschichte! Aber die »Josefsnovelle« ist mehr als nur eine Familiensaga. Sie hatte für die Menschen im alten Israel immer noch eine weitergehende Bedeutung. Denn bei den Erzvätern und ihren Familien ging es ja um die eigenen Vorfahren. Und damit ging es um die eigene Geschichte. Auch diese kannte ein Auf und Ab, kannte »magere« und »fette« Jahre. In dieser Geschichte konnten die Menschen immer wieder Situationen von Neid und Missgunst und solche von Überheblichkeit und naiver Blauäugigkeit seitens der führenden Vertreter des Volkes wahrnehmen. Immer dann, wenn das Volk nicht zusammenstand, so deutete man die Geschichte, waren die Folge Krieg, Leid, Unterdrückung – und Gefangenschaft oder Exil. Doch eines konnten die Israeliten aus der Josefsgeschichte lernen: Gott ist mit seinem Volk. Auch dort, wo man sich selbst wie in einem dunklen Loch fühlte. Und er hat eine Verheißung parat: Wer auf ihn vertraut, kann selbst im Exil und in der Zerstreuung (auf Griechisch: Diaspora) Erfolg haben und es weit bringen – so wie Josef.

– 5 –
Rut: Eine Powerfrau als Schwiegertochter

Sucht man heute in Karriere-Ratgebern nach dem Stichwort »Frauenpower«, ist man in der Regel erstaunt: Die Bestseller empfehlen Frauen »Arroganz-Trainings«, raten ihnen, zu »freundlichen Feindinnen« zu werden oder zu »Macho-Mamas«. Ist das wirklich der Weg zur Powerfrau?

Wie tröstlich, dass die Bibel ein Buch bereithält, dessen Hauptrollen von zwei Frauen eingenommen werden, die »Frauenpower« auf ganz andere Weise ausstrahlen. Sie sind authentische »Powerfrauen« und waren deswegen für die Geschichte des Volkes Gottes von eminenter Bedeutung und sind es im Grunde noch heute.

Gemeint sind Rut und ihre Schwiegermutter Noomi. Über sie berichtet das alttestamentliche Buch Rut – und jenseits der Beschreibung einer ungewöhnlichen Freundschaft zwischen einer Schwiegertochter und ihrer Schwiegermutter strotzt es darin nur so von echter biblischer Frauenpower!

Alles beginnt – wie so häufig in der Bibel – mit einer Auswanderung. Aber die ist von allem Anfang sehr kurios. Während einer Hungersnot entschließen sich Elimelech, seine Frau Noomi und ihre beiden Söhne aus Bethlehem im Stammesgebiet Juda nach Moab aufzubrechen, um dort eine neue Existenz aufzubauen. Moab ist ein Gebiet östlich des Toten Meeres, im heutigen Jordanien. Das scheint zunächst auch zu gelingen. Die Familie wird freundlich aufgenommen. Die Söhne heiraten sogar zwei einheimische Frauen und integrieren sich dementsprechend in die moabitische Gesellschaft.

Das ist alles andere als selbstverständlich. Moab war nicht unbedingt der Lieblingsnachbar Israels. Schon beim Zug aus Ägypten ins Gelobte Land hatten sich die Moabiter alles andere als freundlich und hilfreich erwiesen. Im Gegenteil. Sie verweigerten dem hungernden Volk nicht nur dringend nötige Brotlieferungen. Ein moabitischer König heuerte sogar Bileam an, einen Starpropheten des Alten Orients, um Israel verfluchen zu lassen. Der Schuss ging nach hinten los – Bileam wurde von Gott gezwungen, Moab zu verfluchen. Sei es, wie es sei. Man mochte sich nicht. Umso erstaunlicher, dass sich die kleine Auswandererfamilie ausgerechnet aus dem »Haus der Brote« (das ist die hebräische Bedeutung des Namens »Bethlehem«) in das Land aufmachte, das den Israeliten während der Wüstenwanderung des Volkes noch nicht einmal einen Fladen Brot gegönnt hatte, um dort neu Fuß zu fassen und ihr täglich Brot zu verdienen. Die Not musste wirklich ziemlich groß gewesen sein!

Elimelech und seine Söhne werden übrigens als »Efratiter« bezeichnet. Dieser Clan-Name deutet darauf hin, dass dessen Angehörige als überdurchschnittlich fruchtbar galten. Kinderzeugen scheint ihre Hauptbeschäftigung gewesen zu sein. Nur für unsere drei Auswanderer galt das leider nicht. Sie sterben alle kurz nacheinander: Elimelech ohne einen dritten Sohn, seine Söhne ohne überhaupt irgendeinen Nachkommen produziert zu haben. Bei den beiden Jungs war das aber zu erwarten gewesen. Denn ihre Namen Machlon und Kiljon bedeuten übersetzt »Schwächling« und »Kränkling«. Man fragt sich, wie sie es überhaupt geschafft hatten, mit diesen Namen Frauen zu finden. So etwas klappt wohl nur im Ausland, wo man eine andere Sprache spricht.

In jedem Fall war das alles andere als erquicklich, denn einerseits scheint damit der Familienname auszusterben – und das war im alten Israel gesellschaftlich so ziemlich das Schlimmste, was passieren konnte –, andererseits hinterließen sie drei mittellose Frauen, die keinerlei Schutz genossen und, von keinen sozialen Sicherungssystemen abgefedert, nun vor dem Nichts standen. Was macht man in einer solchen misslichen Lage? Noomi entscheidet sich, nach Bethlehem zu ihren Verwandten zurückzukehren. Das empfiehlt sie auch ihren beiden Schwiegertöchtern Rut und Orpa. Nur im Schoß ihrer jeweiligen Herkunftsfamilie haben drei mittel- und schutzlose Frauen überhaupt eine Chance, ihr Dasein wenigstens einigermaßen in Würde fristen zu können. Das lehnen die beiden jungen Witwen jedoch zunächst entschieden ab. Sie lieben ihre Schwiegermutter und wollen sie nicht alleine lassen. Schonungslos in ihrer nüchternen Betrachtung der Realität zeigt

Noomi den Frauen ihrer verblichenen Söhne auf, dass ihre Solidaritätsbezeugungen eigentlich Mumpitz sind. Denn selbst wenn es ihr, also Noomi, gelänge, nach der Rückkehr gleich wieder zu heiraten und noch einmal zwei Söhne zu bekommen (was angesichts ihres fortgeschrittenen Alters schon sehr viel göttlichen Einwirkens bedürfte), käme das für Rut und Orpa zu spät. Denn bis das altjüdische Institut der »Leviratsehe« (Nach dem Buch Deuteronomium ist der Bruder eines kinderlos Verstorbenen verpflichtet, mit dessen Witwe einen Sohn zu zeugen, um so den Namen des Verstorbenen zu erhalten und den Frauen zugleich einen sozialen Status und das Überleben zu sichern.) überhaupt »angewandt« werden könnte, wären sie beide zu alt zum Kinderkriegen. Orpa lässt sich von diesen Argumenten Noomis überzeugen. Sie kehrt zu ihrer Familie zurück. Rut hingegen bleibt stur und erweist sich als echter Querkopf. Die junge Witwe entscheidet sich für einen radikalen Neuanfang. Sie lässt alles hinter sich, ihre Familie, ihre Herkunft, selbst ihren Glauben, und beschließt, Noomi nach Bethlehem zu begleiten. In einer berührenden kurzen Rede fasst sie diesen Entschluss zusammen: »Denn wo du hingehst, will auch ich hingehen; wo du bleibst, will auch ich bleiben; dein Volk ist mein Volk und dein Gott ist mein Gott« (Rut 1,16). Ob sich viele junge Paare, die im Rahmen ihrer Hochzeit diese Bibelstelle auswählen, darüber im Klaren sind, dass es sich hier um das Treueversprechen einer Schwiegertochter gegenüber der Schwiegermutter handelt? In jedem Fall kann man menschliche Treue und Loyalität nicht schöner zusammenfassen!

Die beiden Witwen machen sich also auf den Weg nach Bethlehem. Völlig mittellos kommen sie dort an. Entsprechend »freundlich« und mit ordentlich Heuchelei überzuckert werden sie dort »willkommen« geheißen. Man kann sich das hämische Tuscheln der Frauen in Bethlehem vorstellen, als sie Noomi wiedererkennen. Richtig gastlich waren sie auch später nicht – man denke nur an die Geburt Christi.

Verbittert und völlig kraftlos bricht Noomi zusammen und hadert mit ihrem Schicksal. Rut hingegen hat ihre Zuversicht nicht verloren. Gleichzeitig merkt sie, dass sie sich jetzt erst einmal um Noomi kümmern muss. Mit großer Empathie und ebenso großem Verantwortungsbewusstsein nimmt sie das Ruder für beide in die Hand. Noomi muss sich jetzt ausruhen. Rut hingegen sorgt erst einmal dafür, dass die beiden etwas zu essen bekommen. Da gerade die Getreideernte ansteht, macht sich Rut schon früh am Morgen auf, um gemäß dem jüdischen Armenrecht Getreide zu sammeln. Dieses Recht gestand es Besitzlosen zu, bei der Ernte das aufzuklauben, was auf den Feldern liegengeblieben war.

Durch Zufall landet sie auf dem Feld eines wohlhabenden Mannes aus Bethlehem namens Boas. Er ist ein Verwandter des verstorbenen Mannes ihrer Schwiegermutter. Gleich zu Beginn wird betont, dass es sich bei ihm um einen »fähigen Mann« gehandelt habe. Das ist insofern wichtig, da ihm sofort Ruts Fleiß auffällt. Anders als andere Mittellose war sie nämlich schon früh am Morgen auf dem Feld, damit sie möglichst viel sammeln konnte. So etwas gefällt Boas. Eine strategisch und systematisch vorgehende Frau ist so recht nach seinem Sinn. Offensichtlich begegnen sich da zwei verwandte Seelen. Er lädt sie auch gleich zum Essen mit den anderen Erntearbeitern ein. Dort lobt er ihre Treue und Fürsorge gegenüber ihrer Schwiegermutter und empfiehlt ihr zugleich, sich bei der Ernte immer in der Nähe seiner Mägde aufzuhalten. Arme Ausländerinnen wurden damals gerne als »Freiwild« angesehen, an dem man straflos übergriffig werden konnte. – Wir kennen das ja leider auch aus unseren Tagen. Dann weist er seine Arbeiter an, Rut ordentlich etwas von der Ernte übrig zu lassen, damit ihre Mühe auch von Erfolg gekrönt wird.

Mit einem vollen Getreidekorb und entsprechend guter Laune kehrt Rut abends zu Noomi zurück und erzählt ihr von der Begegnung mit Boas. Beides lässt bei Noomi die Lebensgeister zurückkehren. Sie kann wieder an Gottes Führung glauben. Und wenn Gott führt, führt er auch etwas im Schilde. Er muss einen Plan haben, wenn Rut schon am ersten Tag so viel Gnade zuteilwird. So kann sie wieder Hoffnung in die Zukunft fassen. Aber der Mensch ist auch mit Gottes Begleitung noch immer seines eigenen Glückes Schmied. Deswegen unterbreitet sie Rut einen ziemlich dreisten Plan. Denn sie erkennt in Boas die Chance für eine glückliche Zukunft für sie beide. Er kann nämlich »ihr Löser« werden. Dazu muss man wissen, dass nach damaligem Rechtsverständnis Noomi von ihrem Mann ein Stück Land zusteht. Dieses soll vorrangig von einem Angehörigen der eigenen Familie

»ausgelöst«, das heißt aufgekauft werden. Das hatte nicht nur den Effekt, der Witwe ein eigenes Auskommen zu sichern, sondern überdies den Zweck, dass auf diese Weise der Besitz der Familie zusammengehalten werden konnte. Es kam also nicht zu einer Zersplitterung des Landes. Das war gerade in den Gegenden wichtig, in denen nicht so viel für den Ackerbau geeigneter Boden zur Verfügung stand.

Auf ihren Rat hin begibt sich Rut nachts zu Boas auf die Tenne. Anders jedoch als von Noomi empfohlen, überlässt Rut nicht Boas die Initiative. Rut hat es sich anders in den Kopf gesetzt und einen eigenen Plan geschmiedet: Sie legt sich zu Boas' Füßen und bedeckt sich mit einem Zipfel seines Gewandes, wie es im Text heißt. In diesen Formulierungen schwingt mehr als nur eine Andeutung auf gewisse sexuelle Aktivitäten mit. Zugleich wird aber damit auch verdeutlicht, dass sich Rut unter die Obhut von Boas begibt. Als dieser aufwacht und doch ein wenig irritiert von der gegebenen Konstellation ist, rückt sie sofort mit der Botschaft heraus: »Du bist der Löser« (Rut 3,9). Rut wartet also nicht ab, bis Boas ihr einen Heiratsantrag macht, sondern sie sorgt gleich für klare Verhältnisse. Sie zeigt, was sie von Boas erwartet: Ehe und soziale Sicherheit für sie und Noomi. Eine echte Powerfrau!

Offensichtlich ist diese Vorstellung Boas nicht unangenehm. Gerne greift er ihren Vorschlag auf. Aber er muss dafür noch eine Schwierigkeit aus dem Weg räumen. Es gibt in Bethlehem einen Mann, der Noomi verwandtschaftlich noch näher steht als er. Der muss zunächst auf sein »Löserecht« verzichten, dann darf Boas ungestraft »zipfeln«. Dass das kein unüberwindliches Problem darstellt, zeigt der Text mit dem Namen des anderen Verwandten. Er heißt nämlich zu Deutsch »Irgend so einer«. Man braucht ihn sich gar nicht erst zu merken. Dieser Verwandte hat zwar durchaus Interesse am Acker der Noomi, aber kein Interesse an Rut, weswegen er auf das Recht zur Lösung öffentlich verzichtet. Damit ist der Weg für Boas und Rut frei. Sie heiraten und Boas zeigt sich als wahrer Efratiter. Rut wird sehr schnell schwanger und bekommt ihren ersten Sohn. Sie nennen ihn Obed. Er wird der Großvater des Königs David werden, aus dessen Geschlecht auch Jesus stammte, wie es uns die Evangelien überliefern.

Mit der Heirat von Rut und Boas kehrt die Erzählung sozusagen wieder an ihren Anfang zurück. Die materielle Versorgung ist gesichert, die männerlos gebliebenen Frauen werden wieder in einen Familienverbund integriert, und der Sohn hebt sowohl für Noomi als auch für Rut das Problem der Kinderlosigkeit auf. Allen Vorurteilen gegenüber Moab zum Trotz gelingt auch in Israel Integration – und sie wird sogar wichtig und prägend für die gesamte folgende Geschichte des Volkes.

Dies alles ist nur möglich mit einer ordentlichen Portion biblischer Frauenpower. Fassen wir noch einmal zusammen, was das bedeutet: Erstens bedarf es eines nüchternen Realitätssinns, sodann zweitens der Bereitschaft zu absoluter Loyalität. Drittens zeigt sich biblische Frauenpower im Willen, einen völligen Neuanfang zu wagen und alle Brücken hinter sich abzubrechen. Dazu braucht es viertens Empathie und Verantwortungsbewusstsein, sowie fünftens Fleiß und Einsatzbereitschaft. Diese sind sechstens gepaart mit Hoffnung und Zuversicht in Gottes Führung. Das gelingt siebtens nicht ohne Entschiedenheit bei der Umsetzung des gefassten Plans. Schließlich zeigt uns das Buch Rut achtens das Vertrauen darauf, dass auch andere ihren Beitrag zum Erfolg leisten werden.

Man könnte das Buch Rut dementsprechend gut und gerne als einen Ratgeber für eine gelingende Frauenexistenz bzw. für erfolgreiche Frauen aus biblischer Perspektive bezeichnen: Frauenpower biblisch eben.

– 6 –
Judit: Eine Witwe in geheimer Mission

Geheime Missionen beinhalten mitunter die »Lizenz zum Töten«. Das gilt nicht nur für James Bond-Filme, sondern auch in der Heiligen Schrift. So etwas könnte drastischer nicht dargestellt werden als in der biblischen Erzählung von Judit und Holofernes. Sie spielt zu einer fiktiven Zeit und an einem fiktiven Ort in Judäa. Dazu später mehr.

Was ist der Inhalt dieser Erzählung, der ein eigenes Buch im Alten Testament gewidmet ist? Im Auftrag des assyrischen Königs Nebukadnezar will sein Feldherr Holofernes Israel erobern. Er hatte zuvor schon zahlreiche andere Völker unterworfen und ihre Gebiete im wahrsten Sinne des Wortes »verheert«. Doch die Israeliten machen es ihm nicht so leicht wie andere Völker. Denn die Israeliten besetzen die Gebirgspässe und schneiden den Truppen des Holofernes den Weg ab.

Heerführer warnen Holofernes eindringlich: Mit den Israeliten sei nicht zu spaßen. Wenn sie nur fest an ihren Gott glauben, werden sie unbesiegbar. Doch die Warnung wird von Holofernes in den Wind geschlagen. Mehr noch: Für den Feldherrn steht fest, dass nur sein König gottgleiche Macht auf Erden besitzt. Deswegen ist er umso entschlossener und macht sich mit seinen Soldaten auf den Weg, um Israel zu besiegen. Dabei stößt er auf die Stadt Betulia. Statt sie im Sturm zu nehmen entscheidet Holofernes sich, sie zu belagern und auszuhungern bzw. sie vom lebensnotwendigen Wasser abzuschneiden. Nach knapp drei Wochen hat das assyrische Heer sein Ziel erreicht. Der Stadt geht das Wasser aus. Die Bevölkerung scheint endlich bereit zu kapitulieren.

In diesem kritischen Moment betritt Judit die Szene. Sie ist eine junge Witwe, die von ihrem verstorbenen Gatten ein beträchtliches Vermögen geerbt hat. Bislang hatte sie in der Stadt keine prominente Rolle gespielt und war wohl auch nicht wahrgenommen worden, obwohl sie eine atemberaubende Schönheit ist. Aber da sie seit dem Tod ihres Mannes Witwenkleidung trägt, war das wohl noch niemandem aufgefallen. Sie ruft die Menschen ihrer Stadt auf, weiter dem Herrn zu vertrauen und sie nicht dem Feind preiszugeben. Zugleich kündigt sie an, sie wolle jetzt selber für die Rettung des Ortes aktiv werden. Welchen Plan sie verfolgt, verrät sie nicht. Aber sie bittet ihre Mitbürger um Gebete. Das wirkt. Sie räumen ihr fünf Tage ein (genau die Zeitspanne, für die die Wasservorräte noch ausreichen), um ihren Beitrag zur

Rettung der Stadt zu leisten. Gelingt das bis dahin nicht, wollen sie sich ergeben.

Was macht nun die »Jeanne d'Arc« von Betulia? Sie badet erst einmal, parfümiert sich und macht sich richtig fein. So ausstaffiert, verlässt sie zusammen mit ihrer Magd die belagerte Stadt und begibt sich mitten ins Lager des Feindes. Einer solchen Erscheinung können die Soldaten des Holofernes offensichtlich keinen Wunsch abschlagen, und so wird sie umstandslos ins Zelt ihres Feldherrn geleitet. Auch dieser ist völlig von Judit eingenommen. Bereitwillig lauscht er, was sie ihm zu sagen hat. Und das hört sich richtig gut an! Gott werde sich schon bald von den Israeliten abwenden, denn diese würden sich sicher schon in kürzester Zeit gegen ihn versündigen. (Damit deutet sie wohl an, dass die Menschen ihr Vertrauen in Gottes Hilfe verlieren.) Wenn das geschehe, werde Holofernes keine Mühe haben, die Stadt einzunehmen. In der Zwischenzeit werde sie bei ihm in seinem Lager bleiben. Ob es die Aussicht auf die Abkehr Gottes von Betulia gewesen ist oder jene, mit einer bezaubernden Frau einige Tage – und möglicherweise auch Nächte – ungestört verbringen zu können, sei dahingestellt. In jedem Fall geht Holofernes auf Judits Vorschlag ein und benimmt sich ihr gegenüber zunächst wie ein Kavalier. Nach drei Tagen kann sich der Feldherr aber nicht mehr zurückhalten und lädt die neue Dame seines Herzens zu einem Abendessen zu zweit in sein Zelt ein. Judit nimmt die Einladung an, putzt sich heraus, und der assyrische Befehlshaber, der stets das große Wort führt, scheint plötzlich in ihrer Gegenwart schüchtern und ängstlich zu werden. Deshalb trinkt er sich ordentlich Mut an, schließlich will er ja die von ihm erwartete heiße Nacht mit dieser unglaublichen israelischen Braut nicht vermasseln. Er scheint eine gehörige Portion Mut gebraucht zu haben. Jedenfalls wird berichtet, Holofernes habe so viel getrunken wie in seinem ganzen Leben noch nicht. Das war wohl doch zu viel. Statt ein amouröses Abenteuer genießen zu können, schläft er sturzbetrunken ein. Das hätte er besser bleiben lassen. Denn Judit, die offensichtlich nüchtern geblieben ist, schlägt ihm nach einem kurzen Gebet mit seinem eigenen Schwert den Kopf ab.

Dann macht sie sich zusammen mit ihrer Magd – und dem Haupt des Möchtegern-Schwerenöters – auf den Weg zurück nach Betulia.

Die Bewohner der Stadt können ihr Glück kaum fassen. Sie hängen den Kopf des Heerführers gut sichtbar an der Stadtmauer auf und starten unmittelbar beim Morgengrauen des nächsten Tages einen Angriff auf die Invasionstruppen. Die völlig überrumpelten assyrischen Soldaten eilen sofort zum Zelt ihres Oberbefehlshabers. Sie finden ihn zwar dort, aber eben nur zum Teil. Chaos bricht bei den Soldaten aus, denn sie haben in dieser Nacht in der Tat den strategischen Kopf des ganzen

Unternehmens verloren. Im wahrsten Sinne des Wortes »kopflos« fliehen sie vor den anstürmenden Israeliten. Die Stadt und das ganze Land sind gerettet. Judit wird natürlich gebührend gefeiert. Und sie wird zukünftig von ihren Feinden gefürchtet. Denn in ihrer gesamten Lebensspanne von immerhin 105 Jahren traut sich kein Feind mehr, Israel anzugreifen.

Blöd gelaufen für die Assyrer, könnte man sagen und damit den Bericht abschließen. Aber ganz so einfach wollen wir uns das nicht machen. Denn wie es solche fiktiven Erzählungen so an sich haben, enthalten sie immer noch eine Botschaft jenseits der eigentlichen Story. Das gilt auch in diesem Fall.

Dass es sich um eine von Anfang bis Ende konstruierte und literarisch komponierte Geschichte handelt, belegen gleich mehrere Punkte. Das war auch den Menschen zur Zeit der Abfassung dieses Textes klar. Sie wussten, dass Nebukadnezar kein assyrischer Herrscher gewesen war, sondern König von Babylon. In seine Herrschaftszeit fiel die Eroberung von Jerusalem und der Beginn des »Babylonischen Exils« (587 vor Chr.). Die Babylonier waren übrigens aus anderem Holz geschnitzt als die Assyrer. Letztgenannte verwüsteten in der Tat die von ihnen eroberten Gebiete gnadenlos und entvölkerten sie, indem sie die Bewohner entweder abschlachteten oder in Gänze in die Sklaverei führten. An ihrer Stelle siedelten die Assyrer dafür ortsfremde Völker an, von denen sie sich wenig Widerstand erwarteten. Die Babylonier begnügten sich hingegen damit, die Oberschicht eines eroberten Landes in die Verbannung zu schicken und die Landbevölkerung sowie die Handel treibenden Städter mit hohen Abgaben zu belegen.

Neben dieser klaren historischen Falschaussage weist noch ein weiterer Punkt darauf hin, dass es sich bei der Judit-Erzählung nicht um einen geschichtlichen Bericht, sondern um einen »Lehrroman« handelt. Man kann im alten Israel suchen, wo man möchte: Weder in historischen Quellen noch bei archäologischen Ausgrabungen hat man je einen Hinweis auf einen Ort namens »Betulia« gefunden. Es hat ihn nie gegeben. Auch das wussten die Menschen im 2. Jahrhundert v. Chr., als unser Heldinnen-Epos veröffentlicht wurde. Wenn also die wesentlichen Dinge nicht stimmen, muss eine andere Absicht hinter der ganzen Geschichte stecken – sonst wäre sie auch nicht in die Bibel aufgenommen worden. Und die gab es in der Tat! Denn just in der Abfassungszeit des Judit-Buches führten die Juden einen erbitterten und blutigen Kampf gegen die Seleukiden, die das Land nicht nur politisch beherrschten, sondern den Juden auch ihre Kultur und ihre Religion aufdrängen wollten. Der sogenannte »Makkabäer-Aufstand« überzog das Land jahrzehntelang mit Krieg, Verfolgungen und brutaler Gewalt. Da galt es, Mut zu machen. Wenn die

Juden nur fest am Gott der Vorväter festhielten, würde dies zum Sieg über und zur Freiheit von den Feinden Israels führen! Das war die feste Überzeugung der Aufständischen. Schlussendlich hatten sie damit sogar Erfolg – zumindest für einige Jahrzehnte. In jedem Fall wurde die Geschichte von der tapferen Witwe aus Betulia in diesem Zusammenhang als eine literarisch-theologische Ermutigung gesehen, den Kampf gegen Unterdrückung und Fremdherrschaft nicht aufzugeben, sondern alle Kräfte zu bündeln und alles – selbst List und Tücke – einzusetzen, um sich von der Herrschaft des Feindes zu befreien. Jedes Mittel war recht, wenn es der guten Sache diente. Das konnte man an der literarischen Heldin Judit sehen. Für die jüdische Bevölkerung hatte dieses Buch die Botschaft bereit: Seid mutig und zu allem bereit – und handelt vor allem nicht kopflos!

– 7 –
Johannes der Täufer: Der sture Wüsterich

Späte Mütter und Väter sind heute keine Seltenheit mehr. Dass Mütter – und erst recht Väter! – bei der Geburt ihres ersten Babys über 40 sind, ist in manchen Kreisen ein gesellschaftlicher Trend geworden. Früher war das nicht der Fall. Zu der Zeit, in der unser Protagonist lebte und wirkte, war man in diesem Alter meist schon tot. Im besten Fall erfreute man sich seiner Enkel oder sogar Urenkel.

Spätes Elternglück wurde dementsprechend nicht nur mit Neugierde zur Kenntnis genommen und sorgte stets für Aufsehen, sondern wurde in aller Regel mit dem Eingreifen Gottes in Zusammenhang gebracht. Dann auch noch einen männlichen Stammhalter geschenkt zu bekommen, war darüber hinaus der letzte Beweis dafür, dass Gott etwas Besonderes mit dem Knaben vorhatte.

Überhaupt: Kinder zu haben galt als Segen, nicht als Kostenfaktor! Mit Kindern hatten die Eltern nicht nur im Alter ihr Auskommen, sondern das Volk und die Familie hatten eine Zukunft. Denn genau darin bestand ja der Segen Gottes, den er schon Abraham zugesagt hatte: »Ich will dich zu einem großen Volk machen« (Gen 12,2). Der Segen Gottes zeigt sich allerdings nicht durch Einbürgerung, sondern durch Kinderkriegen. Das galt erst recht in priesterlichen Familien, hatten sie doch eine besondere Nähe zum Kult und zur Verehrung Jahwes vorzuleben. Sie repräsentierten in gewisser Weise den Bund Gottes mit seinem Volk. Wenn es also in Priesterfamilien beim Nachwuchs haperte, war etwas faul im Staate Dänemark, oder besser: Israel.

Von daher kann man sich vorstellen, wie es um die Stimmung des Zacharias, eines alt gewordenen und kinderlos gebliebenen Priesters, bestellt gewesen sein muss, als er seinen Dienst im Tempel wahrnehmen will und ihm plötzlich der Engel Gabriel begegnet. Dieser verkündet ihm, seine Gebete seien erhört worden, seine Frau Elisabeth – ebenfalls aus priesterlichem Geschlecht – werde ein Kind empfangen, sogar einen Sohn! Ungläubiges Staunen wird noch die einfachste Reaktion auf diese Botschaft gewesen sein. Da bleibt einem schon mal die Sprache weg. Und genau das geschieht dann auch. Weil Zacharias seine Zweifel äußert, wird ihm vom Sprachrohr Gottes der Mund verboten, und er kann zur und während der Schwangerschaft seiner Frau nichts mehr sagen. In jedem Fall erkennen seine Priester-Kollegen in diesem Sprachlosigkeitssyndrom, dass Zacharias eine tiefe spirituelle Erfahrung mit Gott gemacht haben muss. Er wird krankgeschrieben und nach Hause geschickt. Und tatsächlich: Seine Gattin wird schwanger – und damit wird alles gut! Gott zeigt also doch noch seine Gnade. Übrigens bedeutet der Name, den die ergrauten Eltern ihrem Kind gegen alle Tradition geben werden, genau das. Johannes meint nichts anderes als: »Gott ist gnädig«.

Ob sich diese Vorgeschichte der Geburt des Johannes, der später allgemein die Berufsbezeichnung »der Täufer« erhalten wird, wirklich so zugetragen hat oder nicht, mag uns nicht weiter interessieren. Es ist eben wie immer in großen Geschichten der Bibel: Die Botschaft ist wichtig und die Storys drum herum haben ihr zu dienen und nicht umgekehrt. Wichtig ist also vor allem, dass unser kleiner Jochanan seinen Eltern in der Tat wie ein Gottesgeschenk erschienen sein muss. Wie das aber mit Gottesgeschenken in der Bibel so ist, erwartet Gott immer etwas als Gegengabe.

So wird Johannes im Geist der Nazoräer erzogen. Dieser Personenkreis zeichnet sich dadurch aus, dass er seine Haare nicht schneiden durfte und sich von alkoholischen Getränken und von Leichen fernzuhalten hatte. Anders als beispielsweise Simson (auch ein Spätgeburtsgottesgeschenk) scheint sich Johannes an diese Regeln gehalten zu haben. Jedenfalls wird über seinen Lebenswandel nirgends etwas Negatives berichtet. Im Gegenteil. Selbst nichtchristliche Berichterstatter wie der jüdische Geschichtsschreiber Flavius Josephus bescheinigen ihm, dass er ein besonders tugendhafter Mensch gewesen sei.

Aber noch einmal zurück zu den Anfängen. Wo ist Johannes eigentlich geboren und aufgewachsen? Wir wissen nichts Genaueres darüber. Allgemein wird aber angenommen, dass er zu Lebzeiten Herodes des Großen (der starb 4 v. Chr.) in einer Stadt im Bergland von Judäa (wohl in En Kerem, etwa 7,5 km von Jerusalem entfernt) geboren wurde. Sein Vater

Zacharias gehörte, wie schon gesagt, der Priesterklasse der Abija an. Diese war keine der besonders privilegierten und entsprechend vornehmen Gruppen der jüdischen Priesterschaft, eher so etwas wie die mittlere Beamtenschaft des Tempels. Dort waren die Mitglieder dieser Priestergilde jeweils zweimal im Jahr tätig. Für den Rest des Jahres lebte Zacharias außerhalb der Hauptstadt. Was er dort tat, ist nicht überliefert.

Über den Lebensweg des Johannes wissen wir bis zu seinem öffentlichen Auftreten wenig. Wahrscheinlich wurde er in seiner Jugend genau in den Traditionen Israels unterwiesen, um später einmal in die Fußstapfen seines Vaters treten zu können. Ist er aber nicht. Vielmehr erfahren wir, dass er in der Regierungszeit des Tetrarchen Herodes Antipas, eines der Söhne Herodes des Großen, in der Wüstengegend am Ostufer des Jordan gewirkt haben muss. Dazu suchte er sich den Jordanübergang in der Nähe der Stadt Jericho aus. Dabei war der Ort seines öffentlichen Wirkens für die bibelfesten und traditionsbewussten Juden von großer Bedeutung. Denn just dort, an der Grenze zwischen Wüste und fruchtbarem Flussschwemmland, nicht allzu weit vom Toten Meer entfernt, war Josua, der Adjutant und Nachfolger des Mose, mit dem Volk Israel in das verheißene Land übergesetzt. Dass Johannes genau an diesem Ostufer des Jordans predigte und seine Zuhörer zur Umkehr aufforderte, wurde von den Menschen seiner Zeit dementsprechend als Hinweis darauf verstanden, dass seine Tätigkeit eine symbolische und theologische Bedeutung hatte. Sie musste etwas mit dem Eintreffen einer neuen Heilszeit zu tun haben. Und außerdem gab es dort ein hohes Verkehrsaufkommen. Viele Menschen überquerten an dieser Stelle den Fluss, sodass sich seine Botschaft auch schnell verbreiten konnte.

Aber nicht nur der Ort seiner Tätigkeit, sondern auch die asketisch geprägte Weise seines Auftretens, sein Lebensstil und seine Kleidung hatten eine symbolische Bedeutung für die gläubigen Juden.

Mit seinem Gewand aus Kamelhaar, das er mit einem Ledergürtel zusammenhielt, erinnerte Johannes seine jüdischen Zeitgenossen sehr stark an die Figur des alttestamentlichen Propheten Elija. Dieser war im 8. Jahrhundert vor Christus mahnend und drohend dafür eingetreten, dass Israel seinem Bund mit Jahwe die Treue halten solle. Auch sonst gab es viele Ähnlichkeiten: Von Johannes heißt es, dass er sich von Heuschrecken und wildem Honig ernährte. Und auch Elija wurde nachgesagt, dass er völlig anspruchslos gelebt und kulinarisch nicht unbedingt auf Sterne-Niveau bestanden habe. Gerade diese Einfachheit galt in Abgrenzung zu der sehr raffinierten und ausgesprochen anspruchsvollen Lebensführung des Establishments in Jerusalem als Beleg für die Glaubwürdigkeit der Botschaft eines Propheten. Der göttliche

Wille enthüllt sich nicht unbedingt immer beim Verzehr von Pfauenfleisch und Kranichzungen, sondern doch meist eher in beeindruckenden Handlungen glaubwürdiger Zeugen! Daneben erinnerten seine Kleidung und seine Ernährungsweise an die beduinische Lebensweise, die zu Beginn der Geschichte das auserwählte Volk gekennzeichnet hatte. So wie Johannes in der Wüste lebte und dort auch wie ein »Wüsterich« aggressiv gegen die Eliten seines Volkes predigte, war es für jedermann offensichtlich, dass sich Gott in seiner Person mit einer konkreten Botschaft an das Volk richtete. Genauso hatte er das schon bei den alten Propheten getan. Das war nicht nur dem Volk klar, sondern auch unserem Wüstenprediger selbst. Ganz bewusst positionierte er sich als eine Art biblische »Kultfigur«.

Alles an dem extravaganten Prediger Johannes war also Verkündigung: nicht nur seine Worte, sondern eben auch sein Lebensstil. Und diese Verkündigung war alles andere als angenehm und bequem für Israel. Er verstand sich als das wandelnde schlechte Gewissen des Volkes Gottes. Wer Johannes begegnete, erkannte: Es muss sich etwas ändern! Johannes rief zur Umkehr auf und warnte vor dem drohenden Gericht Gottes. Das ist an sich nichts Ungewöhnliches bei einem Propheten. Alle seine Vorgänger hatten das getan. Das war geradezu der Markenkern eines altjüdischen Propheten. Was Johannes aber in besonderer Weise auszeichnete und ihn zugleich von seinen Vorgängern unterschied, ist die tiefe Überzeugung, dass seine Umkehrbotschaft die letzte Gelegenheit für das Volk darstellte. Letzte Warnung! Denn »schon ist die Axt an die Wurzel der Bäume gelegt« (Lk 3,9). Wer es jetzt nicht kapiert, bekommt keine weitere Chance zur Umkehr. Jetzt ist die Zeit, jetzt ist die Stunde. Jetzt oder nie! Umkehr oder Höllenfeuer! Einen dritten Weg gibt es nicht – weder für das Volk als Ganzes, noch für den Einzelnen. Gott hat keine Lust mehr auf Kompromisse! »Jahwe first!«, könnte man diese Haltung umschreiben. Unangenehm so eine Haltung. Gerade und besonders für jene, deren Hauptbeschäftigung darin bestand, Kompromisse zu schließen und die Kunst des Möglichen angesichts äußerer Zwänge und innerer Unzulänglichkeiten zu einer Tugend für das Volk zu machen: also für die führenden Priester und Politiker Israels.

Kein Wunder, dass sich Johannes mit dieser sturen Haltung bei denen, die etwas zu verlieren hatten, unbeliebt machte. Bei den Massen derer, die sowieso nichts von der hohen Politik erhofften bzw. zu erwarten hatten, fand er hingegen großen Anklang. Bei ihnen sorgten seine Tiraden vom Zorn Gottes und vom Anbruch des letzten Tages für Begeisterung. Dass das letzte Stündchen der Welt geschlagen hat, muss die irdischen Loser nicht wirklich schrecken. Zumal dann, wenn die Rettung kein Geld kostet und auch Privilegien dabei keine Rolle spielen. Denn, so Johannes, dem ultimativen Gericht Gottes kann man sich nicht dadurch entziehen, dass man sich auf seine Herkunft als Kind Abrahams und seine Zugehörigkeit zum auserwählten Volk beruft. »Israel first!« zählt hier nichts. Ein Geburtsrecht kann man bei Gott nicht geltend machen. Denn: »Aus diesen Steinen da kann Gott dem Abraham Kinder erwecken« (Mt 3,9)! Nein, man muss sich schon selbst anstrengen, wenn man dem drohenden Endgericht entgehen will. Und zwar flott. Gottes Geduld ist nämlich erschöpft. Er will endlich Taten sehen. Sündenböcke, wie sie einmal im Jahr vom Hohepriester versehen mit den Sünden des Volkes in die Wüste getrieben wurden, sind zu wenig. Jetzt geht es ums Ganze. Es geht um die Wurst. Symbolische Handlungen reichen nicht. Der ganze Mensch muss bereit sein, sich zu (ver)ändern und umzukehren zu dem, was Gott von ihm fordert.

Dabei sind symbolische Handlungen an sich nichts Schlechtes. Johannes führt selbst eine solche symbolische Handlung ein. Sie ist so charakteristisch für ihn und sein Wirken, dass sie ihm sogar seinen Beinamen »der Täufer« einbringt. Johannes tauft. Damit ist gemeint, dass er die Menschen im Jordan untertaucht. Dieses Untertauchen hat aber nicht nur reinigende Wirkung. Das kannte man vorher auch schon. Die zahlreichen im jüdischen Ritualgesetz vorgeschriebenen Waschungen hatten ja immer wieder den Zweck, die Menschen kultisch zu reinigen. So konnten sie im Gebet, in der Synagoge und auch beim Opfer im Tempel Gott mit reinem Herzen gegenübertreten. Weil der Mensch aber eben ist, wie er ist – schwach und sündig –, konnte man, nein: musste man sogar diese Waschungen aus seelenhygienischen Gründen immer neu wiederholen. Bei der Taufe, die Johannes einführt, ist das ganz anders. Sie ist einmalig, kann nicht wiederholt werden. Und zwar deshalb, weil sie nicht auf die kultische Reinheit ausgerichtet ist. Ihre symbolische Bedeutung zielt auf etwas ganz Anderes ab. Denn wer untertaucht, riskiert zu ertrinken. Die Luftzufuhr ist unterbrochen, bei manchen stellt sich unter Wasser sogar Panik und Todesangst ein. Und genau darum geht es Johannes. Er will mit seiner Taufe zu verstehen geben: Du musst den bisherigen Menschen hinter dir lassen. Der alte Mensch muss in gewisser Weise in den Fluten des Jordans ersaufen, wenn du wirklich ein neues Leben beginnen willst. Das verbindet übrigens die Taufe des Johannes mit unserer christlichen Taufe. Auch bei uns Christen symbolisiert die Taufe ein »Absterben« des bisherigen Menschen und den Beginn eines neuen Lebens. Dieses Leben verdankt sich dann ganz und gar Gott.

Aber zurück zu unserem Hauptdarsteller am Jordanufer. Johannes will den Menschen mit seiner Taufe deutlich machen: Es handelt sich hier nicht um einen banalen Waschgang mit Weichspüleffekt, sondern wirklich um die letzte Chance für die Welt. Denn nach ihm, so verkündet er lauthals, komme einer, der nicht mehr mit Wasser taufe, sondern mit Feuer. Feuer zerstört alles. Was verbrennt, wird zu Asche. Nicht umsonst kannte man das Feuer schon aus dem Alten Testament als Zeichen endgültiger Vernichtung. Denken wir an Sodom und Gomorrha! Mit dieser Drohbotschaft, die er mit der Taufe als letzter Gelegenheit verbindet, wird Johannes endgültig zum Einzelgänger und zu einem prophetischen Querkopf. Denn er lässt – anders als seine Kollegen vor ihm – keine Alternative: Entweder Taufe als Zeichen echter Umkehr oder Feuer als Zeichen echter Vernichtung. Da hilft kein Beten, kein Kult, kein Opfer mehr. Neu leben oder nicht mehr leben, etwas Anderes gibt es nicht mehr.

Mit dieser Radikalität findet Johannes einen riesigen Anklang bei den Menschen im Heiligen Land. Viele fühlen sich von den kompromissbereiten Vertretern der offiziellen Tempelreligion abgestoßen und nicht mehr repräsentiert. Zu viele Kompromisse, zu viel Politik, zu viel Geld – wir kennen diese Vorwürfe aus unseren Tagen ja auch zur Genüge! Sei's drum: Johannes ist da aus ganz anderem Holz geschnitzt! Er benennt die gesellschaftlichen Probleme unmissverständlich und ohne falsche Rücksichtnahme. Aber – und das unterscheidet ihn von den Populisten und Revolutionären seiner Tage! – er fordert keinen Umsturz, sondern Umkehr! Und zwar nicht nur von den Mächtigen, sondern von jedem einzelnen Menschen. Eine Umkehr vollzieht sich, anders als ein Umsturz, nicht mit Gewalt, sondern im Gegenteil gerade unter Verzicht auf Waffen. Gott fordert kein Gewehrfeuer, sondern Feuer im Herzen eines jeden Gläubigen. Und genau dieser Ruf zu einer allgemeinen Umkehr macht den Täufer im Kamelhaarmantel in der Tat zum Vorläufer Jesu, der ebenfalls jede Gewaltanwendung strikt ablehnte.

Überhaupt Jesus. Wahrscheinlich wäre Johannes ohne die Taufe Jesu im Jordan längst vergessen. Er wäre zu einer Fußnote in der jüdischen und erst recht in der Weltgeschichte geworden. Aber nun hat er Jesus getauft. Diese Begebenheit wird übrigens von vielen Historikern als einer der sichersten Fakten des ganzen Neuen Testamentes angesehen. Denn, so die Begründung, kein Evangelist oder anderer Erzähler des frühen Christentums wäre von sich aus auf die Idee gekommen, Jesus, den man doch als den Sohn Gottes betrachtete, mit einer Taufe zur Vergebung der Sünden in Beziehung zu bringen. Er hatte ja keine Sünden auf sich geladen!

Ob Jesus selbst eine Zeit lang zu den Jüngern des Johannes gehört, ist hingegen umstritten. Das kann nicht endgültig entschieden werden. In jedem Fall steht fest: Er wurde von Johannes getauft. Das allein hat den späteren Christen erhebliche Bauchschmerzen bereitet. Denn wie soll man diese Taufe durch Johannes deuten? War Jesus doch nicht der einzigartige, letzte, höchste und endgültige Heiland, sondern nur einer der Schüler des Täufers? Gelöst wurde dieses Problem mit der Botschaft des Täufers selbst. Denn er verwies ja in seiner eigenen Verkündigung auf den, der nach ihm kommen werde. Da war es in der späteren christlichen Theologie nur ein kurzer Weg zur Gleichsetzung des von Johannes vorausgesagten Feuers mit dem Feuer des Heiligen Geistes, welches von Jesus ausgeht. Und so kann man das dann auch in den Evangelien nachlesen.

Doch um Jesus geht es in diesem Kapitel eigentlich gar nicht. Kehren wir also zu Johannes zurück. Wie schon gesagt, fand dieser mit seiner Botschaft einen enormen Zulauf in der jüdischen Bevölkerung. Er hatte Erfolg. Zu viel Erfolg. Das sorgte nicht nur für Eifersucht, sondern auch für Sorge bei den politischen Verantwortlichen. Sie befürchteten, dass es trotz seiner grundsätzlich friedfertigen Botschaft zu Aufständen kommen könnte. Und so etwas war eine ernste Bedrohung für die bestehende Ordnung. Es musste also etwas geschehen. Johannes war ein Störenfried und er musste aus dem Weg geräumt werden. Auch hier ist seine Vorläuferschaft zu Jesus unübersehbar.

So tritt sein Landesherr Herodes Antipas (der Sohn jenes Herodes des Großen, unter dessen Herrschaft Jesus geboren wird) auf den Plan und beschließt, Johannes gefangennehmen zu lassen. Gesagt, getan. Und jetzt wird es etwas schwieriger. Denn es gibt zwei unterschiedliche Berichte über die Gefangennahme und das damit verbundene Ende des Täufers. Während Flavius Josephus (selbst eine schillernde Gestalt des ersten christlichen Jahrhunderts) erzählt, Johannes sei aus Angst vor Aufständen seiner Anhänger verhaftet und recht bald danach auf der Festung Machärus hingerichtet worden, begegnet uns im Markusevangelium eine ganz andere Erzählung. Sie ist zwar wahrscheinlich eine Legende, ist aber so filmreif beschrieben, dass es sich lohnt, sie kurz nachzuzeichnen. Dabei geht es darum, dass Johannes aufgrund seiner Kritik an der Eheschließung von Herodes mit Herodias, der Frau seines Halbbruders Philippus, eingesperrt worden sei. Herodias hatte wohl eine ganze Menge Reize, aber eines war nicht reizvoll: ihre Rachsucht. Getrieben von dieser Untugend habe sie bei einem Fest ihre Tochter Salome dazu gebracht, als Preis für einen wieder wohl sehr reizvollen Schleiertanz, vom König den Kopf des Täufers Johannes zu fordern. Künstler und Musiker aus allen Epochen haben diese Szene in ihren Werken immer wieder detailreich ausgeschmückt.

Wie gesagt: Historisch wird diese Tanzszene mit anschließender Hinrichtung nicht stattgefunden haben. Aber zumindest kann man mit einigem Recht auf eine reale Begebenheit verweisen, die im Volk durchaus zur Bildung dieser Legende geführt haben dürfte.

Herodes hatte sich nämlich wirklich von seiner ersten Ehefrau getrennt, um Herodias heiraten zu können. Seine »Ex« war die Tochter des Nabatäerkönigs Aretas IV., der diesen Ehe-Exit zum Ausgangspunkt eines Krieges mit Herodes nutzen konnte. Mit diesem hatte er wegen einiger Grenzstreitigkeiten sowieso schon ein Hühnchen zu rupfen. Da war diese unfreundliche Trennung ein gefundenes Fressen. Und Herodes verlor diesen Kriegszug denn auch mit Pauken und Trompeten. Deswegen war die Ehekritik des Johannes nicht nur politisch brisant, sondern auch der eigentlich dekadent zu nennende Hinrichtungsgrund nach dem Tanz der Salome. Denn er entsprach genau den Vorstellungen, die sich das Volk von »denen da oben« machte.

Sei es, wie es sei: Johannes war wirklich ein Querkopf, der gerade deswegen denselbigen verlor. Aber genau das macht ihn zu einer der wichtigsten Personen der Bibel.

– 8 –
Petrus: Der aufbrausende Apostel

Wo Petrus auftaucht, geht es regelmäßig ums Ganze. Und zwar zu seinen Lebzeiten genauso wie danach und bis in die Gegenwart. Petrus kann man nicht unvoreingenommen begegnen. Er fordert die Menschen um ihn herum geradezu zu einer Stellungnahme heraus. Das gilt nicht nur für Jesus, der ihm nicht nur die Schlüssel des Himmelreiches übergibt, sondern ihn unmittelbar danach auch als Satan bezeichnet; das gilt auch für andere Apostel wie zum Beispiel Paulus, der mit ihm muntere Diskussionen führt und so manchen Streit austrägt. Und das gilt bis in unsere Tage, wo sich an seinem Amt (oder Dienst) in und für die Kirche noch immer die Geister scheiden. Der Schlüsselmann ist zu einer Schlüsselfigur des Christentums geworden. Und sein Lebensweg selbst ist ebenfalls voller Schlüsselszenen, die ihn schließlich zu der unverwechselbaren Persönlichkeit machen, als die er uns bekannt und überliefert ist.

Aber was wissen wir eigentlich von ihm? Sie werden staunen: mehr als von allen anderen Menschen im Umkreis Jesu! In allen neutestamentlichen Büchern wird von ihm berichtet: in den Evangelien, der Apostelgeschichte und den Paulusbriefen. Ihm werden auch einige Gemeindebriefe zugeschrieben, aber die hat er nicht selbst verfasst. Nur in der Offenbarung des Johannes wird er nicht explizit, sondern nur zusammen mit den anderen Aposteln als Gruppe erwähnt.

Überall, wo von Petrus berichtet wird, wird ein unterschiedliches Bild von ihm gezeichnet.

Stets ist aber sein Lebensweg untrennbar mit jenem von Jesus verknüpft. Ohne diesen gäbe es Petrus gar nicht. Schließlich hat er ja von ihm seinen Namen bekommen. Denn eigentlich heißt der gute Mann Simeon oder Simon und war der Sohn eines gewissen Jona, der auch Johannes genannt wird. Er stammte aus dem kleinen Fischerdorf Betsaida am Nordufer des See Genezareth und war dementsprechend wie alle Apostel, mit Ausnahme von Judas Iskariot, ein waschechter Galiläer. Dieser Menschenschlag war dafür bekannt, dass er eine äußerst eigenwillige Mentalität und in den Ohren von hochhebräisch sprechenden Judäern auch einen ziemlich lustigen Akzent hatte. Außerdem war es den Galiläern eigen, dass sie ziemliche Raufbolde waren. Nicht umsonst galt ihre Gegend als Rückzugsgebiet der Zeloten, einer Gruppe von Widerstandskämpfern, die sich gegen die römische Oberhoheit wehrten und immer wieder Aufstände und Rebellionen gegen die Römer anzettelten.

Simon war verheiratet – Schließlich hat er eine Schwiegermutter! – und lebte mit seiner Familie nicht weit von seinem Geburtsort in der kleinen Stadt Kafarnaum. Er hatte noch einen Bruder, Andreas mit Namen. Sonst wissen wir nichts über seine Familienverhältnisse.

Sein erlernter Beruf ist demgegenüber gut belegt. Als Fischer gehörte er zwar nicht zu den privilegierten Schichten der Bevölkerung, aber er hatte sein Auskommen. Er war stolzer Besitzer eines Hauses mit Gästezimmern, besaß ein eigenes Boot und hatte auch die für die Fischerei notwendige Ausrüstung. Es ging ihm also nicht schlecht. Ein Hungerleider war Simon jedenfalls nicht. Außerdem geht man davon aus, dass er zweisprachig war, d. h., er beherrschte nicht nur Hebräisch, sondern konnte auch Griechisch sprechen. Denn Galiläa war eine multikulturelle Region mit vielen hellenistisch geprägten Siedlungen. Selbst als Fischer kam man da nicht ohne eine Fremdsprache aus, wollte man auf dem Markt seinen Fang an den Mann bzw. die Frau bringen. Gerade diese Zweisprachigkeit und sein erster erlernter Beruf befähigen ihn in idealer Weise für die neue Ausbildung, zu der ihn Jesus beruft. Denn Simon soll ein Menschenfischer werden. Diese Tätigkeit wird einem nicht in die Wiege gelegt. Man muss sie lernen. Das gilt auch und besonders für Petrus. Ach, sagte ich das schon? Diesen Namen erhält er erst zu Beginn seines Ausbildungsverhältnisses vom Lehrmeister persönlich. Jesus gibt ihm den Beinamen Kephas oder lateinisch: Petrus (zu Deutsch: »der Stein« oder auch »der Fels«). Der ersetzte von nun an den ursprünglichen und wurde zugleich zu einem Synonym für seinen Dienst in der Jüngergemeinde nach dem Ostergeschehen: Fels zu sein für seine Mitchristen.

Aber nicht zu vorschnell! Erst einmal geht Petrus in die Schule. Und wie das so üblich ist, wenn man als Erwachsener noch einmal die Schulbank drückt: Es fällt schwer. Das war auch bei Petrus nicht anders. Zumal deswegen, weil er eigentlich ein »guter Schüler« ist. Aber einer, der gerne das große Wort führt, bei der praktischen Umsetzung aber hin und wieder patzt.

Beispiele dafür lassen sich etliche anführen. Da ist die Begebenheit auf dem See Genezareth. Ein Sturm kommt auf. Die Jünger – Petrus inbegriffen – bekommen es mit der Angst zu tun. Todesangst sogar. Sie fürchten, mit Mann und Maus unterzugehen. Plötzlich, scheinbar aus dem Nichts, taucht Jesus auf – und der Wind legt sich. Aber Jesus kommt ein wenig unkonventionell zu ihnen: Er läuft zu Fuß über den See. Stellen wir uns die Szenerie durchaus einmal selber bildlich vor! Mitten im Sturm, das Boot droht zu kentern – und da läuft einer über das Wasser auf uns zu und will uns beruhigen. Käme da wirklich Tiefenentspannung bei uns auf? Bei den Jüngern jedenfalls nicht. Sie halten diese Erscheinung für ein Gespenst. Und hier zeigt sich Petrus als Klassensprecher. Einer, der die Situation erfasst und Konsequenzen zieht. Wenn das Jesus ist, dann soll er befehlen, dass auch er zu Fuß über den See laufen kann. »Learning by doing« also. Und Jesus lädt ihn in der Tat ein: Komm! Gesagt, getan. Petrus geht über die Reling, macht erste Schritte und es funktioniert. Zunächst. Denn dann patzt er. Zweifel an der eigenen Fähigkeit oder an Jesus? Wir wissen es nicht. Aber die Folge ist: Er geht unter, versinkt in den Fluten. Jesus muss ihm aus der Patsche helfen und aus dem Wasser ziehen.

Ein anderes Beispiel: Jesus fragt seine Jünger, für wen ihn die Menschen halten. In der Folge fragt er dann ganz gezielt: Für wen haltet ihr mich? Auch hier führt Petrus wieder das Wort und bekennt stellvertretend für die ganze Runde: Du bist der Messias, der Sohn des lebendigen Gottes! Gut gesprochen. Dafür wird er von Jesus gelobt, mehr noch: Matthäus berichtet, Jesus habe ihm eröffnet, dass er dieses Zeugnis nur durch das Wirken Gottes selber habe abgeben können. Eins, setzen!, könnte man da sagen. Aber nun wird er übermütig, unser Jesusschüler. Als nämlich unmittelbar danach Jesus davon spricht, dass sein irdisches Schicksal im Leiden bestehe, meint der eben Belobigte Jesus beiseite nehmen zu müssen und ihn mal so richtig »einzuorden«. So etwas habe mit dem Messias-Dasein aber nun wirklich nichts zu tun. So etwas dürfe man in der Verkündigung des Reiches Gottes nicht sagen. Marketingtechnisch ganz schlecht. Die Reaktion seines Rabbis ist an Deutlichkeit nicht zu überbieten. Er nennt den eben Gesegneten jetzt einen Satan, der nicht wolle, was Gott will. – Wieder gepatzt.

Oder schließlich ein letztes Beispiel. Als Jesus mit seinen Jüngern beim gemeinsamen Mahl versammelt ist, spricht er davon, dass er verraten und von allen verlassen werde. Die

Reaktion von Petrus kennen wir: Laut, vorlaut würden wir im Nachhinein sagen, verkündet er im Brustton der Überzeugung: Auch wenn alle dich verlassen sollten, ich nicht. Mein Leben würde ich für dich geben! Schon wieder ist die praktische Umsetzung mangelhaft. Wie von Jesus angekündigt, verleugnet er ihn noch in derselben Nacht dreimal.

Der lernt es nie, würde ein unbedarfter und nicht bibelfester Betrachter jetzt vielleicht schlussfolgern. Aber Petrus erreicht das Klassenziel schließlich doch. Wie? Durch Reue und Scham. Spätestens bei der Passion und Kreuzigung Jesu hat Petrus seine Lektion gelernt. Er vergießt Tränen, keine Krokodilstränen, sondern echte, bittere Tränen der Reue. Er lernt, dass es nicht allein auf große Worte ankommt, sondern auf Standhaftigkeit – gerade in Situationen, in denen es brenzlig wird. Sich rausreden, kneifen oder gar lügen geht da gar nicht!

Und so zeigt er nach Ostern und der Himmelfahrt Jesu allen, was er gelernt hat. Petrus führt nicht mehr nur das große Wort, sondern er organisiert und leitet die Gemeinde in Jerusalem nun auch mit seinen Taten. Und er hat Erfolg. Die Gemeinde wächst. Dabei ordnet er nicht nur das Alltagsleben der Christen untereinander. Er legt auch Kriterien für die Aufnahme neuer Mitglieder fest, tauft mit dem Hauptmann Kornelius den ersten Nichtjuden und ebnet damit den Weg für das spätere Missionswerk anderer Apostel, wie z. B. dasjenige des Paulus. Er steht standhaft und unerschütterlich zu Jesus und der Botschaft von der Auferstehung, auch im Angesicht von Drohungen und Gewaltanwendung. Das Ganze gelingt ihm mit Mut und Klugheit und im Vertrauen auf Gottes Beistand. Der impulsive Querkopf Petrus scheint dabei zum ruhigen und weise abwägenden Fels in der Brandung geworden zu sein, zu dem ihn Jesus ja berufen hatte.

Aber einmal platzt ihm doch der Kragen. Da rastet Petrus richtig aus. Und zwar in einer Situation, in der bei offensichtlichem Fehlverhalten keine Reue gezeigt wird. Davon berichtet die Apostelgeschichte. Es geht in dieser Episode um ein wohlhabendes Ehepaar, Hananias und Saphira. Die beiden haben ein Haus verkauft und verkünden lauthals, den gesamten Erlös der Gemeinde spenden zu wollen. Nur tun sie das nicht, zumindest nicht vollständig. Sie wollen also bewusst täuschen, indem sie sich einerseits als solidarisch darstellen und andererseits ihr eigenes Süppchen weiter kochen. Von Petrus darauf angesprochen, bleiben sie bei Ihrer Version. Von Reue und Umkehr ist bei den beiden leider keine Spur. Und da wird aus dem klugen und umgänglichen Leiter der Gemeinde ein furchtbarer Racheengel. Er verkündet ihnen wutschnaubend als Strafe Gottes den sofortigen Tod. Gehorsam trifft die beiden nacheinander der Schlag. Sie sterben und werden von jungen Männern aus der Gemeinde nebeneinander begraben. Immerhin. Auf jeden Fall will Petrus seiner Gemeinde deutlich machen: Fehler kann man machen. Er selbst hat mehr als einen auf seinem Konto gesammelt. Aber Fehler muss man eingestehen, Reue zeigen und daraus lernen. Das wollten Hananias und Saphira leider nicht. Die Konsequenzen sind drastisch. Vielleicht zu drastisch in unseren Augen.

Aber wenn Petrus ausrastet, dann wächst ringsum kein Gras mehr. Denn es geht schließlich um die Heiligkeit der Kirche. Und die ist gefährdet, wenn sie nicht bereit ist, immer wieder zum Herrn umzukehren. Bei Gott geht es ums Ganze. Das hat Petrus gelernt. Und das können wir auch heute noch von ihm lernen.

– 9 –
Maria Magdalena:
Die furchtlose Gönnerin

Dass Frauen in der Heiligen Schrift eine besondere Rolle spielen, ist für uns heutige Leser eigentlich kein großes Ding. Aber vergegenwärtigt man sich die Lebenswelt der Bibel, die gesellschaftliche Situation, in der diese Frauen zur Zeit der Entstehung der Schriften des Alten und Neuen Testamentes lebten und handelten, ist es schon verwunderlich, dass und wie viele von ihnen in dieses große Glaubensbuch Eingang gefunden haben. Das gilt auch für jene Frau aus dem kleinen, aber feinen Villenstädtchen Magdala in Galiläa, die von dieser Herkunft den Namen erhielt, unter dem sie noch heute bekannt – und ziemlich umstritten – ist: Maria Magdalena.

Was wissen wir außer ihrem Namen und ihrer Herkunft weiter über sie? Eigentlich fast nichts. Wenn sich auch unzählige Geschichten um sie herum ranken, so ist doch das wenigste, was wir da »erfahren« können, wirklich historisch belegbar. Das ist erstaunlich: Denn Maria Magdalena ist wohl eine der bekanntesten Gestalten des Neuen Testamentes. Aber: Wer war sie nun wirklich? War sie die reuige Sünderin aus dem Lukasevangelium, von der berichtet wird, sie habe Jesus im Hause des Pharisäers Simon die Füße gesalbt? Oder war sie eine Prostituierte, worauf ihr offenes Haar schließen lässt, das sie in zahlreichen Abbildungen trägt (Eine verheiratete oder zumindest »züchtig« lebende Frau würde stets ihr Haar unter einer Haube oder einem Schleier verbergen!)? War Maria vielleicht die Frau, die Jesus von Dämonen geheilt und so wieder in die Gemeinschaft des jüdischen Volkes integriert hat? Oder war Maria Magdalena eine Jüngerin Jesu auf Augenhöhe mit den anderen Jüngern? Oder hat gar Dan Brown recht, der in ihr nicht nur die Gefährtin, sondern sogar die Ehegattin unseres Erlösers sieht, mit dem sie Kinder hatte, und deren »Blutlinie« bis in unsere Tage für Verschwörungstheoretiker aller Provenienz eine herrliche Spielwiese darstellt?

Wir sehen schon: An Maria aus Magdala kann man sich wunderbar abarbeiten und ihre Bedeutung und Stellung im Umfeld Jesu ist bis in unsere Tage mehr als umstritten!

Es ist schon komisch. Wir kennen weder ihr Geburtsjahr, noch wissen wir etwas über ihre Familie, und auch über ihre Lebensverhältnisse ist uns recht wenig bekannt. Sie wird in den Evangelien nur am Rande erwähnt. Dort, wo man von ihr berichtet, wird ihre Rolle eher heruntergespielt als besonders betont. Wahrscheinlich war es in der männerdominierten Welt damals nicht anders als heute noch. Zu engen Kontakt mit Jesus sollen die Frauen nicht haben. Mystikerinnen dürfen sie werden, Apostelinnen besser nicht. Dass eine hysterische Frau von Jesus geheilt wurde, mag in diesem Sinne angehen. Aber dass eine Frau den Sohn Gottes, den Messias des Volkes Israel, in besonderer, vielleicht einzigartiger Weise anziehen könnte, wurde lieber übersehen. Sei's drum, man weiß es einfach nicht. Dann lohnt es sich auch nicht, weiter darüber zu spekulieren.

Was man aber offenbar schon wusste – und daran kann man durch die Berichterstattung nach Ostern auch nicht vorbei – war, dass Maria Magdalena zu den ersten Zeuginnen der Auferstehung gehörte. Dieses Zeugnis war so wichtig und folgenreich, dass man es nicht einfach übergehen konnte, selbst wenn man es gewollt hätte. Und man wusste außerdem, dass sie mit anderen Frauen am Kreuz Jesu ausgeharrt hatte. Sie war also nicht nur Zeugin seiner Auferstehung, sondern auch Zeugin seines Todes. Anders als die männlichen Jünger Jesu, die sonst das große Wort geführt hatten und später auch führen sollten, war sie also in den Situationen, in denen es mit der Jüngerschaft Jesu wirklich brenzlig wurde, nicht einfach ausgebüxt, hatte sie ihn nicht verleugnet, sondern war ihm gefolgt bis zu seinem irdischen Ende – und darüber hinaus!

Et voilá: Hier haben wir einen ersten Hinweis darauf, warum Maria Magdalena trotz ihres Mangels an männlichen Chromosomen in der Bibel eine zwar kleine, aber dennoch wichtige Rolle spielt. Denn es ging auch schon den frühen Christen darum, zu zeigen, dass der Auferstandene, der seinen Jüngern (und Jüngerinnen) begegnet, identisch ist mit dem Mann, der drei Tage zuvor als Gekreuzigter wirklich gestorben war. Das war insofern wichtig, weil schon in dieser frühen Zeit des Christentums Stimmen laut wurden, die behaupteten, Jesus sei am Kreuz gar nicht gestorben. Die Erscheinungen des Auferstandenen seien gar keine wundersamen, auf Gottes Initiative hin geschehenen Ereignisse, sondern gut geplante »Marketing-Maßnahmen« seiner Anhänger. Damit wollten seine Anhänger ihn zum leidenden Gottesknecht einerseits und zum wiedergekommenen Messias der Juden andererseits machen. Manche behaupteten sogar, Jesus sei gar nicht wirklich gestorben. Er habe die Geschichten um seinen Tod und seine Auferstehung selber geplant und mithilfe seiner Jünger gezielt verbreitet. Einerseits hätte er damit dem jüdischen Establishment in Jerusalem schaden und andererseits seine Bewegung auch in den Kreisen wundergläubiger heidnischer Gruppen auf- und ausbauen können.

Und wer den Nahen Osten kennt, weiß, dass da im wahrsten Sinne des Wortes Sprengstoff in dieser Botschaft enthalten ist!

Es ging um nichts mehr und nichts weniger als um die Glaubwürdigkeit der Auferstehungsbotschaft. Da war es nicht nur praktisch, sondern sogar wesentlich, dass man in der Person von Maria Magdalena jemanden hatte, der sowohl beim Sterben Jesu anwesend als auch dem Auferstandenen wahrhaft begegnet war. Das konnten die anderen Jünger nicht von sich behaupten. Sie hatten bei seiner Verhaftung gekniffen.

Von daher geht die Bedeutung dieser Frau und ihrer Beziehung zu Jesus weit über eine persönliche Ebene hinaus. Aber für Maria Magdalena war es wohl nur ihre persönliche Beziehung zu Jesus, die sie in diesem entscheidenden Augenblick unserer Glaubensgeschichte für uns alle so bedeutsam gemacht hat. Betrachten wir also einfach einmal das, was wir aus den Evangelien über ihre Beziehung zu Jesus wissen.

Also: Maria und Jesus – eine Beziehungsgeschichte von weltumspannender Bedeutung? Vielleicht könnte man das so ausdrücken. Lassen wir uns also einfach darauf ein und seien wir allen biblischen Quellen gegenüber einmal unkritisch!

Im Lukasevangelium lesen wir darüber, dass Jesus Maria von bösen Geistern und Krankheiten geheilt habe. Diese Heilungen vollziehen sich bei Jesus nie als medizintechnologisch anspruchsvolle und damit kostenintensive Therapien, sondern ganz schlicht, in Form einer persönlichen Begegnung. Unreine bzw. böse Geister brauchen wir uns auch nicht so vorzustellen wie in den Poltergeist-Geschichten der Parapsychologie oder wie in nervenkitzelnden Horrorfilmen.

Vielmehr verweist die Aussage, Jesus habe Maria Magdalena sowohl von bösen Geistern als auch von Krankheiten geheilt, darauf, dass hier Ursache und Wirkung beschrieben werden. Maria leidet. Sie ist krank, und zwar nicht nur einfach von einer Grippe oder einem Durchfall geplagt. Ihr Leiden wird wohl auch nicht durch eine einfache bakterielle Erkrankung oder einen Virus hervorgerufen, sondern von etwas, das die Seele zerstört, und das hat – wie wir heute wissen – stets auch Auswirkungen auf unsere physische Gesundheit.

Seelische Krankheiten wurden von den Menschen der damaligen Zeit mit der Existenz und dem Wirken böser Geister in Zusammenhang gebracht. Sie machte man dafür verantwortlich, dass das Leben der betroffenen Menschen und Miteinander mit anderen nicht mehr funktionierte. Wie böse Geister Beziehungen zwischen Menschen zerstören, erzählt auch schon das Alte Testament. Schauen wir uns nur an, wie es Adam und Eva ergangen ist. Seit sie von der Schlange zum Verspeisen der Frucht des verbotenen Baumes eingeladen worden sind, wird dieses Reptil mit dem bösen Geist schlechthin, dem Teufel, gleichgesetzt. Sein griechischer Name »diábolos« (zu Deutsch: der Durcheinanderwerfer) verweist schon auf das, was ein böser Geist so alles mit uns anstellen kann. Er wirft unsere ganze Persönlichkeit und alle Bezüge, in denen wir uns vorfinden, durcheinander. Im Falle von Adam und Eva führt das zur Zerstörung der Beziehung mit dem Schöpfer und damit verbunden zum ungewollten Auszug aus dem Garten Eden, dem Paradies. Das hatte für beide Ureltern durchaus schmerzliche, physisch spürbare Folgen: Adam muss im Schweiße seines Angesichts seine Nahrung erarbeiten; Eva bekommt unter Schmerzen ihre Kinder.

Zurück zu Maria Magdalena. Es zeigen sich bei ihr viele verschiedene Krankheitssymptome – und die hatten ihre Ursache in ihrer Seele: Böse Geister plagen sie. Wir wissen zwar nicht welche, aber wir kennen die Folgen: Wer krank ist, fühlt sich schlecht. Genau hier wird Jesus nun ins Spiel gekommen sein. Denn wer krank war, wurde damals – wie heute übrigens auch – isoliert. Böse Geister sind ansteckender als Viren. Deswegen versuchten die Menschen, sich von diesen geisterbefallenen Personen fernzuhalten. Genau das macht Jesus nicht. Er bleibt nicht auf Distanz. Immer wieder können wir im Neuen Testament lesen, dass er Menschen nahekommt, mehr noch: Dass er sie berührt.

Das ist alles andere als Distanzlosigkeit! Das ist vielmehr Begegnung!

Diese Begegnung ist eine Art der Zuwendung, die Maria so wohl nicht gekannt hat. Jesus akzeptiert ihre Lebenssituation. Und die war speziell. Man geht heute in der Regel davon aus, dass Maria in Magdala, einer sehr wohlhabenden Stadt mit großen Villen und einer recht großen Menge reicher Leute, allein lebte, nicht verheiratet war. Das lässt darauf schließen, dass sie über eigene Einkünfte verfügte.

Aber in der Öffentlichkeit hatten auch reiche Frauen damals nichts zu suchen. Von daher wird sie einsam gewesen sein. Mit Einsamkeit gehen Frustration und Traurigkeit einher. Wenn der Wunsch nach einer eigenen Familie und Kindern nicht in Erfüllung geht, ist das auch heute für viele Menschen eine sehr belastende Situation. Indem Jesus sich über Marias Einsamkeit hinwegsetzt und Begegnungen möglich macht, lässt er sie Teil des Lebens seiner Gemeinschaft werden. Sie wird diese wohl auch finanziell unterstützt haben – wie so viele andere Frauen in ähnlichen Situationen. Sie bekommt damit wieder einen Sinn in ihrem Leben geschenkt, sie gesundet in ihrer Seele und in der Folge wohl auch körperlich. Da steht jemand zu ihr. Und somit kann sie auch zu ihm stehen. Und das tut sie auch. Das nächste Mal, als wir von Maria explizit im Neuen Testament lesen, steht sie mit anderen Frauen beim Kreuz Jesu. Sowohl Markus als auch Lukas und nicht zuletzt das Johannesevangelium berichten darüber.

Sie wird Zeugin seines Sterbens. Das war im wahrsten Sinne des Wortes eine lebensgefährliche Angelegenheit. Die Jünger trauen sich das nicht. Aber Frauen galten den Römern wohl als weniger aufsässig, und deshalb wurde es ihnen eher erlaubt, bei der Hinrichtung eines Delinquenten anwesend zu sein.

Darin zeigt sich eine Treue zu Jesus, die nur durch eine tiefe emotionale Verbundenheit erklärt werden kann. Sie ist nur zu vergleichen mit jener der anderen Maria, der Mutter Jesu. Auch sie harrt am Kreuz ihres Sohnes aus. Der einzige Mann, der eine ähnlich tiefe Beziehung zu Jesus aufgebaut zu haben scheint, obwohl er nicht dem engeren Jüngerkreis angehört, ist Josef von Arimathäa. Von ihm wird zwar nicht berichtet, dass er bei der Hinrichtung Jesu anwesend gewesen sei, aber es gelingt ihm dennoch, den Leichnam Jesu von den römischen Autoritäten ausgeliefert zu bekommen, um ihn in der Folge würdig in einem Felsengrab beisetzen zu können. Und auch dort ist Maria Magdalena anwesend. Mit anderen Frauen hält sie Grabwache und wohl auch Totenklage.

Aber dabei bleibt es nicht. Alle Evangelien zählen Maria Magdalena zu den ersten Zeuginnen der Auferstehung. Allein das Faktum, dass Frauen zu Zeugen dieses unerhörten Geschehens werden, ist schon aufschlussreich: Denn nach altjüdischen Gesetzen galten Frauen, Irrsinnige und Kinder nicht als glaubwürdige Zeugen!

Sei es, wie es sei: Von Maria wird berichtet, sie habe das leere Grab entdeckt, in dessen Innerem ihr Engel erschienen seien. Bei Johannes begegnen ihr keine Engel, dafür der Auferstandene selber, den sie aber zuerst nicht erkennt, sondern für einen Gärtner hält.

Erst als er sie beim Namen ruft, erkennt sie ihn. Offenbar wird durch die Namensnennung wieder eine Beziehung hergestellt und Begegnung ermöglicht. Jedenfalls wird in dem Namen, den sie Jesus sofort nach diesem Aha-Erlebnis gibt, eine solche sichtbar: »Rabbuni« (zu Deutsch: mein Meister!). Aber schon zuvor – unmittelbar vor der Erfahrung mit dem Auferstandenen – zeigt sie ihre innere Verbundenheit, und zwar durch ihre Tränen.

Wer weint, ist ganz bei der Sache. Doch dieses Mal ist es Jesus, der nicht ganz bei der Sache ist, bzw. der nicht bei der Sache bleibt. »Halte mich nicht fest!«. Die Zeit der Nähe ist vorbei. Da nützt alles Weinen nichts. Jesus ist auf dem Weg zum Vater. Und genau mit dieser Botschaft schickt er Maria Magdalena zu seinen Jüngern. Damit wird sie aber auch noch einmal bedeutsam. So sehr, dass man sie seither als »Apostola Apostolorum« (die Gesandte der Apostel) bezeichnet. Als diejenige, die den auferstandenen Herrn gesehen hat, ist sie die erste Zeugin für die Zeugenschaft, die die Apostel übernehmen werden.

Wenn wir also etwas von Maria Magdalena sagen können, dann dieses: Von Anfang an, vom Beginn seines öffentlichen Wirkens in Galiläa bis hin zu seinem Leiden und bis zu seiner Auferstehung aus dem Grab, wird er von ihr bezeugt.

Sie ist damit eine, wenn nicht die zentrale Überlieferungsträgerin von Jesus von Nazareth.

Das hat nicht jedem gefallen. Paulus zum Beispiel ignoriert die Rolle Marias vollkommen. Ob es ihm, dem letzten der Zeugen des Auferstandenen, unangenehm war, dass ausgerechnet eine Frau die erste Zeugin dieses Geschehens gewesen ist? Wir wissen es nicht. In jedem Fall sagt er von ihr nichts. Gar nichts. So wenig, dass dieses Schweigen von manchen Bibelwissenschaftlern schon wieder als »beredt« bezeichnet wird.

Bei seinem Bericht von der Auferstehung im ersten Korintherbrief kommt Maria Magdalena jedenfalls nicht vor. Da sind es nur Männer, näherhin Petrus und die Apostel, die von der Auferstehung erfahren und sie verkünden.

Von Maria aus Magdala müsste er in jedem Fall gehört haben, denn zu oft wird sie von anderen Quellen erwähnt. Und die waren ihm auch aus anderen Kontexten bekannt. Deswegen wird häufig vermutet, Paulus habe Maria Magdalena nicht in seine Osterberichte aufgenommen, um selbst als der Apostel dazustehen, der mit Petrus auf einer Ebene genannt werden konnte, wenn es um den Auferstandenen ging. Andere »Erstzeugen« waren da wohl eher hinderlich. In gewisser Weise sah Paulus also in der Person Marias eine Rivalin. Damit war er nicht allein. Auch von Petrus darf man mit Fug und Recht behaupten, dass er in ihr durchaus eine Konkurrenz gesehen haben wird. Denn Maria konnte der herausgehobenen Position, die er mit seiner Begegnung mit dem Auferstandenen begründete, gefährlich werden.

Die Tradition, wonach Maria, und jene Tradition, wonach Petrus Erstzeuge des Auferstandenen gewesen sind, bestanden in der frühen Kirche übrigens konkurrierend nebeneinander. Gerade diese Erstzeugenschaft war dabei eng verbunden mit der Machtfrage in den ersten christlichen Gemeinden: »The first takes it all« – Wer der erste (oder die erste) bei der Begegnung mit Jesus war, dem auferstandenen Messias und damit dem Sohn Gottes, hatte auch in der Kirche die Nase vorn. Und das durfte nun wirklich keine Frau sein!

Doch ganz aus der Bibel konnten die Redaktionsteams des Neuen Testaments Maria Magdalena dann aber auch nicht verbannen. Da kam die Geschichte von der bekehrten Sünderin gerade recht. Mit dieser Geschichte gelang es, die Traditionen, die mit ihrem Namen verbunden waren, recht problemlos in das Neue Testament zu integrieren, ohne die Machtfrage noch einmal aufzuwerfen. Denn diese war unangenehm, zumal deshalb, weil ja auch Petrus nicht ganz ohne Blessuren aus der Leidensgeschichte hervorgegangen war. Schließlich hatte er den Herrn dreimal verleugnet, während Maria Magdalena sogar am Kreuz noch ausharrte.

Wenn man Maria aber als Sünderin darstellen könnte, die sich nach vielen Irrwegen endlich zu Christus bekehrt hatte, konnte man aus der ersten Zeugin eine weitere Figur in der großen Geschichte der Barmherzigkeit des Gottessohnes machen. Denn Jesus konnte auch aus den schlimmsten Fehlern und Sünden der Menschen noch etwas Gutes für sie drechseln.

Gerade weil die Person Maria von Magdalas im Umfeld Jesu so schillernd war, wurde aus ihr in der männerdominierten christlichen Tradition alles, nur keine Apostelin! Das kann man bedauern oder nicht. In jedem Fall gibt es uns Gelegenheit, uns noch heute ausgiebig mit ihr zu beschäftigen.

– 10 –
Judas Iskariot: Der lehrreiche Bösewicht

Kaum eine biblische Persönlichkeit hat einen schlechteren Namen als Judas. Er ist bis heute mit so einem negativen Ruf ausgestattet, dass das deutsche Namensgebungsgesetz die Benennung eines Kindes mit diesem Namen untersagt. Wer als »Judas« bezeichnet wird, darf keinen Respekt erwarten. Er hat ihn schlichtweg nicht verdient.

Judas findet auch im Neuen Testament keine Gnade. Aber wird ihm das gerecht? Was wissen wir überhaupt von ihm?

Wie üblich wenig. Fast nichts. Schon bei seinem Beinamen »Iskariot« scheiden sich die Geister. Einige führen ihn auf eine extremistische Terrorgruppe der damaligen Zeit, nämlich die sogenannten »Sikarier«, zurück. Sie kämpften kompromisslos und zu allem bereit gegen die römischen Besatzer. Diese Verbindungslinie gilt aber in Expertenkreisen als eher unwahrscheinlich.

Die meisten Fachleute verbinden Judas' Zweitnamen mit dem judäischen Dorf »Kerioth«. Das würde die These unterstützen, wonach Judas der einzige aus dem Kreis der zwölf Jünger gewesen ist, der nicht aus Galiläa, sondern aus dem südlich davon gelegenen Judäa stammte. Und es würde auch erklären, warum er anders als die übrigen Jünger, und anders als Jesus selbst, offensichtlich einen relativ einfachen Zugang zu den führenden Kreisen in Jerusalem hatte. Einem Galiläer wurde da stets mit ziemlichem Argwohn begegnet.

Ebenso umstritten sind die Dinge, die die Evangelien über ihn verbreiten. Sie verdanken sich in der Regel einem bereits zu ihrer Entstehungszeit vorgefassten Urteil über Judas. In der nichtchristlichen Literatur wird über Judas erst im ausgehenden 2. Jahrhundert berichtet. Aber auch diese Quellen können nicht unabhängig von den Zeugnissen der biblischen Tradition gelesen und verstanden werden. Welche gesicherten Informationen haben wir überhaupt über ihn?

Judas war in jedem Fall Mitglied des Zwölferkreises. Er gehörte also zu jenen zwölf Jüngern im Umfeld Jesu, die mit ihm durch die Gegend zogen. Des Weiteren kann als relativ gesichert gelten, dass er mit einem Teil des jüdischen politisch-religiösen Establishments in Kontakt stand. Drittens kann auf der Basis der Zeugnisse der Evangelien festgehalten werden, dass Jesus über Judas' Kontakte zu den Mitgliedern des Hohen Rates – und vielleicht auch über seine Absichten – Bescheid wusste.

Und schließlich war er bei der Gefangennahme Jesu anwesend und sogar auf irgendeine Weise an ihr beteiligt.

Diese vier Punkte können als sicher angenommen werden. Alles andere, was die Evangelien berichten, ist entweder reine Spekulation oder entspringt bereits einer ganz konkreten Absicht des jeweiligen Evangelisten, Judas nämlich so und nicht anders darzustellen. Das hatte dann aber nichts mehr mit dem Judas zu tun, der als historische Person gelten darf, sondern mit konkreten Problemen einzelner christlichen Gemeinden. Denn wir wissen heute, dass die Evangelisten immer eine ganz konkrete Gemeinschaft von Christgläubigen vor Augen hatten, wenn sie ihre Berichte abfassten. Man könnte also sagen: Je schlechter Judas in einem Evangelium wegkommt, desto schlechter geht es einer konkreten Gemeinde. In seiner Darstellung spiegeln sich sozusagen die Bedrohungen, Ängste und Sorgen früher Christengemeinden wider.

Deswegen lohnt ein Blick auf die Darstellung der Tat und ihrer Umstände, die Judas in den einzelnen Evangelien zugeschrieben werden, um zu verstehen, wie sich viele Christen damals fühlten.

Dabei soll Judas keinesfalls reingewaschen werden. Der Knabe hat schon einiges auf dem Kerbholz gehabt. Er hat sich an Jesus durchaus versündigt. Schließlich hatte er den Jüngerkreis, dem er angehörte, verlassen und war an der Gefangennahme Jesu beteiligt. Niemand kann behaupten, dass Judas ein netter Mensch gewesen sei. Aber ein solcher Unmensch, als der er in der Folge bis in unsere Tage gezeichnet wird, wird er wohl nicht gewesen sein. Sonst hätte ihn Jesus sicher gar nicht erst in seinen engsten Zirkel aufgenommen.

Am »besten« kommt Judas noch bei Markus weg. Dort wird davon berichtet, dass die Obrigkeit schon früh beschlossen hatte, Jesus zu töten. Aber aufgrund des großen Zuspruchs, dessen er sich bei den Menschen erfreute, zögerte sie mit der Umsetzung dieses Beschlusses. Das schien zu gefährlich zu sein, weil gerade vor den großen Tempelfesten die römische Besatzungsmacht in Alarmbereitschaft war und jeder Tumult sofort und mit gnadenloser Härte unterdrückt wurde. Da konnten schon einmal einige hundert Unbeteiligte am Kreuz landen. So etwas wollte man unbedingt verhindern. Deswegen suchte man nach einer günstigen Gelegenheit, sich des längst Todgeweihten ohne Aufsehen entledigen zu können.

Jesus muss übrigens davon gewusst haben. Er ist sich im Klaren darüber, dass seine Verkündigung zu einer Auseinandersetzung mit den jüdischen Machthabern führen wird und dass er dabei »den Kürzeren« ziehen, sprich: sterben werde. Das versucht er seinen Jüngern auch zu vermitteln. Die wollten das wohl nicht hören. In jedem Fall wollten sie es nicht glauben. Im Gegenteil. Viele, nicht nur Petrus, hielten diese Aussage von Jesus für eine Zumutung. Das wird auch Judas nicht anders ergangen sein. Während aber die anderen Jünger die Leidensankündigung verdrängen, nimmt er sie ernst. Das könnte ein Grund für seine zunächst innerliche, später öffentliche Abkehr von Jesus und seinem Kreis gewesen sein. Solch einen »Messias« hatte er sich nicht erhofft. Wie viele gläubige Juden sah auch er im Messias einen Anführer, der das Volk von den römischen Besatzern befreien werde. Deshalb trifft sich Judas mit Vertretern des Hohen Rates. Vielleicht äußert er dabei seine Enttäuschung. Wir wissen es nicht. In jedem Fall bietet er an, den Obrigkeiten zu helfen, diese günstige Gelegenheit zu finden, um Jesus verhaften zu lassen. Die Herren Oberpriester werden ihr Glück kaum gefasst haben können und bieten ihm sogar Geld für seine Hilfe an. Bei Markus jedenfalls wird nicht berichtet, dass Judas für seine »Dienstleistung« aktiv Geld gefordert habe.

Dass er bei der Verhaftung Jesu dann anwesend war, ergibt sich aus dem Text selber. Wie diese »Übergabe« (das ist der im Griechischen verwendete Begriff) dann vonstatten ging, wissen wir nicht.

Vielleicht gab es in der Gemeinde des Evangelisten Markus auch so manche Mitglieder, die enttäuscht waren: davon, dass das Reich Gottes so lange auf sich warten ließ, oder davon, dass so wenige Angehörige des jüdischen Volkes sich zu Jesus bekehrten. Dass solche Enttäuschten die Gemeinde wieder verließen, war wohl eine schmerzliche Erfahrung. In einer solchen Situation konnte es tröstlich sein, dass Jesus die gleichen Erfahrungen in seinem eigenen Umfeld, sogar im Kreise der zwölf Jünger, gemacht und das sogar im Vorhinein gewusst hatte. So könnte die Judas-Episode bedeutet haben: Nicht jeder ist für das Reich Gottes berufen. Einige wird man verlieren. Aus eigenem Entschluss ziehen sie sich zurück und werden dadurch in gewisser Weise schuldig – so wie eben Judas.

Bei Matthäus wird das noch deutlicher: Matthäus deutet das freiwillige Leiden Jesu als Gehorsam des Sohnes gegenüber dem Willen des göttlichen Vaters. Judas wird bei diesem Geschehen ein unfreiwilliger Helfershelfer. Wenn darüber hinaus das Evangelium berichtet, dass Judas für seinen Verrat eine hohe Geldsumme forderte, so bedeutet das: Er wird seiner ursprünglichen Berufung als Jünger Jesu untreu. Er handelt nicht um des Reiches Gottes willen, als er in den Jüngerkreis eintritt, sondern in der Hoffnung auf einen ordentlichen Lohn. Und der soll bitteschön schon auf Erden ausbezahlt werden! Als der ausbleibt, zieht er seine Konsequenzen und holt sich seinen Lohn woanders. Judas kann also für jene Christen stehen, die sich der Gemeinschaft nur deshalb anschlossen, weil sie darin Vorteile witterten. Blieben diese aus, waren sie ganz schnell wieder weg. Eine Erfahrung, die so mancher noch heute mit vorgeblichen »Freunden« machen muss. Das galt wohl auch für die Gemeinden, die die Erstadressaten des Matthäus gewesen sind.

Bei Lukas hat der Teufel seine Hand im Spiel. Auch hier wendet sich Judas von Christus und seinen Freunden ab und bietet seine Dienste der jüdischen Obrigkeit an. Erst dadurch ist diese in der Lage, den Tötungsbeschluss gegenüber Jesus zu fassen. Die Menschen in der lukanischen Gemeinde sind davon überzeugt, dass gegen Gott nur der Teufel einen Aufstand proben kann. Aber er »überfällt« Judas nicht, wie das zum Beispiel bei einer Besessenheit der Fall wäre. Nein, Judas ist kein bemitleidenswertes Opfer! Vielmehr kann der Teufel nur über diejenigen Menschen Macht gewinnen, die sich von sich aus zum Bösen entschieden haben.

Dementsprechend müssen die Gemeindemitglieder, an die sich Lukas wendet, vorsichtig sein. Sie müssen sich in ihrem Denken und Handeln um Reinheit bemühen. Sie sollen stets auf Gottes Wort hören, damit sie sich bewähren können und das Heil nicht verlieren. Sich von der Gemeinde zu trennen, wird also als Abfall und Verrat angesehen. Man wird von einem Kind Gottes zu einem echten Satansbraten. Judas steht dafür als Prototyp und als warnendes Beispiel.

Bei Johannes ist – wie sonst auch häufig – alles ganz anders. Hier wendet sich Judas nicht enttäuscht vom Jüngerkreis ab. Vielmehr ist er von Anfang an von Jesus dazu auserwählt worden, als abschreckendes Beispiel zu dienen. Judas ist in seinem ganzen Wesen ein schlechter Mensch. Er ist ein Dieb; er vergreift sich an der Vereinskasse. Er ist habgierig und er ist ein heuchlerischer Verräter. Aber Jesus weiß das. Er entlarvt Judas sogar vor aller Augen. Jesus bleibt also immer Herr des Geschehens. Nichts geschieht ohne seinen Willen.

Das ist die eigentlich tröstende Botschaft, die das Johannesevangelium im Blick auf Judas bereithält. Auch in einer feindlichen Umgebung, wie zum Beispiel in Kleinasien, an dessen Gemeinden Johannes sich vorwiegend richtet, geschieht nichts ohne den Willen Gottes. Die Verfolgungen, denen sich die Christen ausgesetzt sehen, haben sie nicht allein zu bestehen. Christus ist immer präsent und sieht alles. In der Treue zu seiner Verheißung zeigt sich die alles überwindende Macht Gottes. Die Feinde des Herrn werden schrecklich bestraft werden. Ihr Schicksal dient letztlich dazu, die Herrlichkeit Gottes noch klarer zu machen. Das kann man schon am schrecklichen Ende von Judas erkennen.

Halten wir also fest: Judas war für Jesus und das Reich Gottes eine bittere Enttäuschung, wohl die erste, sicherlich aber nicht die letzte und möglicherweise auch nicht die größte.

Der Autor

Thomas Schwartz, Prof. Dr., geb. 1964, studierte Theologie und Philosophie in Münster, Augsburg und Rom. Schwartz lehrt Wirtschafts- und Unternehmensethik an der Universität Augsburg und ist Pfarrer in Mering. Er ist ein gefragter Redner und aus mehreren TV-Sendungen bekannt.

© Albert Niedermeyr

Amüsante biblische Kostproben

160 Seiten
Flexcover mit Leseband
ISBN 978-3-451-37669-6

Auch Jesus hatte schlechte Laune. Weihnachten beginnt im März. Und alte Esel sind manchmal am klügsten. Glauben Sie nicht? Stimmt aber. Die Bibel ist voller überraschender Geschichten. Thomas Schwartz erzählt und erklärt die besten, witzig und profund zugleich. Unterhaltsamer haben Sie die Bibel noch nie kennengelernt.

In jeder Buchhandlung!

HERDER

www.herder.de